Kein Weg – nur Schritte

Karl Schmied

Kein Weg – nur Schritte

Achtsam durch den Alltag

Theseus Verlag

Theseus im Internet: http//www.Theseus-Verlag.de

Die Deutsche Bibliothek – CIP-Einheitsaufnahme

Schmied, Karl:
Kein Weg – nur Schritte: achtsam durch den Alltag / Karl Schmied. – Berlin:
Theseus-Verl., 2001

ISBN 3-89620-165-4

Umschlaggestaltung: Morian & Bayer-Eynck, Coesfeld, unter Verwendung
einer Fotografie von Monika Lamberts-Hengster
Fotografien: © Ursula Zeidler-Dumanski und Fritz Dumanski
Lektorat: Monika Lamberts-Hengster
Gestaltung und Satz: AS Satz & Grafik, Berlin
Druck: Jütte Druck Leipzig
Printed in Germany

ISBN 3-89620-165-4

Gedruckt auf alterungsbeständigem Papier mit chlorfrei gebleichtem Zellstoff

Auf deinem Weg nach Hause fühlst du dich vollkommen frei.

Ein einziges Lachen durchtrennt alle Fesseln,
die dich gefangen hielten
in der Welt des Staubs.

Thich Nhat Hanh

(für Karl Schmied anlässlich seiner Ernennung zum Dharma-Lehrer 1994)

Inhalt

Vorwort

Kein Weg, nur Schritte – sowohl der Titel als auch der Inhalt dieses Buches können Ihnen etwas Wesentliches aufzeigen über die Bedeutung der Achtsamkeit im Alltag. Achtsamkeit ist möglich, aber es gibt keinen vorgezeichneten Weg zu ihr, dem man einfach nur zu folgen bräuchte. Jeder muss seinen ganz eigenen Pfad zu ihr auf eigene Weise erschaffen – Schritt für Schritt.

Dieses Buch kann als Wegweiser, Landkarte oder Reiseführer gesehen werden, um möglichst vielen Menschen, die sich unterwegs orientieren möchten, zu helfen. Ich bin sehr glücklich über die mir vorliegende, umfassende und tief gehende Zusammenstellung hilfreicher Übungen. Sie haben ihr Fundament in der Lehre Buddhas, die weitergetragen und entwickelt wird in der Lehrrichtung unserer Dhyana-Schule und von Chan Phap Nhan Karl Schmied auf die Bedürfnisse der Menschen unserer Zeit übertragen wurde.

Seit über zwölf Jahren begleitet er mich nun als erfahrener Lehrer unserer Tradition. Ich danke ihm für all diese Zeit, Arbeit und seine persönliche Energie, die er diesem Buch gewidmet hat. Ich bin sicher, dass es viele Menschen erreichen wird, die sich auf der Suche nach praktischen Anregungen, Ideen und neuen Sichtweisen befinden. Seine Kenntniss unserer und vieler anderer buddhistischer Traditionen und Übungswege, doch noch viel mehr seine eigene Einsicht und Erfahrung mit der Lehre des Buddha, wird dieses Buch für Sie zu einem hilfreichen Begleiter über lange Zeit machen.

Selbst wenn Sie bis jetzt noch nie meditiert haben und nichts über den Buddha und seine Unterweisungen wissen, werden Sie hier eine klare Aussage und Antwort auf die Frage finden, was einen modernen, westlichen Geschäftsmann dazu brachte, sich auf den Weg der buddhistischen spirituellen Übung zu begeben, unserem Orden *Intersein* beizutreten, um schließlich die *lamp of transmission* zu erhalten, die Befähigung, nun selbst als Meditationslehrer in der 43. Generation unserer Überlieferungslinie zu lehren.

In den sieben Kapiteln dieses Buches finden Sie Übungen, die sehr einfach zu verstehen und auszuprobieren sind. Das letzte Kapitel ist besonders praktisch und alltagsnah. Sie können lernen, auch in so einfache Dinge wie Autofahren, Telefonieren oder Mittagessen Achtsamkeit einfließen zu lassen.

Sie werden aber auch feststellen, dass, so einfach dies alles auch klingen mag, Lesen allein nicht ausreicht. Ohne die Übungen auch wirklich durchzuführen und sich an den angebotenen Wegmarkierungen zu orientieren werden Sie sich sehr schnell wieder in Ihren bisherigen, gewohnten und ausgetretenen Spuren wiederfinden. Deshalb besteht ein großer Bedarf für diese Art spiritueller Reiseführer. Je mehr Interesse dieses Buch in Ihnen weckt, selbst aufzubrechen, umso stärker werden Sie unterwegs Ihre persönliche Gangart entwickeln.

Tatsächlich müssen Sie dabei keine exotischen, ausgefallenen Dinge tun. Prüfen Sie einfach selbst, was Ihnen passend erscheint und erschaffen Sie damit Ihren eigenen Weg – Schritt für Schritt.

Thich Nhat Hanh   Plum Village, am 7. Dezember 2000

Meine Schritte:

Buddha nachfolgen? Ja, aus Überzeugung!

Ich bin angekommen
Ich bin zu Hause
Im Hier
Im Jetzt
Ich bin gefestigt
Ich bin frei.
Im Buddha-Land verweile ich.

Dieser kurze Meditationstext, den ich im nächsten Kapitel als ersten Schritt unserer Übungen vorstellen werde, enthält einen wichtigen Teil meiner täglichen Praxis, mich nach der Lehre des Buddha auszurichten und »auf den Weg« zu begeben. Dies bedeutet, seinem Leben eine Richtung zu geben, die es ermöglicht, das in uns – nach buddhistischer Überzeugung in allen Wesen – angelegte, unzerstörbare Potential zur Erleuchtung (*bodhicitta*) immer bewusster freizusetzen. Es lässt mich meine wahre Natur und damit das Wesen der Wirklichkeit durch tägliche Übungen im achtsamen Gewahrsein immer deutlicher erkennen.

Dem Buddha nachfolgen heißt, das Angebot eines vollendeten, ganz gewordenen Menschen aufzugreifen, der vor mehr als 2.500 Jahren lebte, 45 Jahre lehrte und Buddha, der »Erwachte« (in dem Sinne, dass er die transzendente Dimension dieser Wirklichkeit und zugleich seine eigene wahre Natur erkannte) genannt wurde.

Es ermöglicht Befreiung durch beständiges, eigenes Bemühen und tiefe Einsicht in Leid, Unvollkommenheit, Begrenztheit und Einge-schränkt-Sein. Für mein Leben hat die Erkenntnis, bei mir »zu Hau-se angekommen zu sein«, nicht mehr bei anderen Menschen und an vielen Plätzen in der Welt Antworten suchen zu müssen, eine zentra-le Bedeutung erhalten.

Die Zuversicht und das tiefe Vertrauen, dass Vollkommenheit in uns allen angelegt ist und, da noch nicht verfügbar, durch eigenes Bemühen freigesetzt werden kann, inspiriert mich seit vielen Jahren.

Dies führt zu der Erfahrung, nur im »Jetzt«, nicht in Vergange-nem oder Zukünftigem das Leben wirklich und unmittelbar zu berühren, die Stabilität, Gelassenheit und Festigkeit, welche durch meditative Übungen gestärkt werden, im Alltag zu erleben, das Leben immer wieder neu in jedem Augenblick zu entdecken, befreit von Rückblicken in die Vergangenheit und Sorgen um die Zukunft.

Für kurze Zeit kann man den befreienden Zustand entstehen las-sen, keine sich meist wiederholenden Gedanken mittels Meinungen, Ansichten, Konzepten und Ideen im Geist zu erwägen. All diese, mein Leben verändernden Einsichten und Erlebnisse möchte ich nicht mehr missen.

Buddhas Empfehlungen zu folgen heißt, sich auf den »weglosen Weg« zu machen, um ein in uns angelegtes, unzerstörbares Potential freizusetzen,

- einen Weg zur Erleuchtung:
Licht in die unzutreffenden Vorstellungen über unsere eigene Existenz zu bringen und ihre wahre Natur zu erkennen;

- einen Weg zur Befreiung:
Die Überwindung unserer Gier (Haben-Müssen), unseres Hasses (Aggression und Ablehnung auch in subtileren Formen) und der falschen Ich-Vorstellung zu verwirklichen;

- einen Weg zum Erwachen:
Ein ganzer, also vollendeter Mensch zu werden, der die nicht der Wirklichkeit gemäßen Vorstellungen, Vorurteile, Verhaltensmuster, Gewohnheitsenergien und Ich- oder Selbst-Konzepte erkennt und zu verändern vermag und dadurch wahren Frieden, tiefe Freude und grenzenlose Weite erfahren kann.

Dieser Pfad muss von jedem, der sich darauf einlässt, selbst gegangen werden. Buddhas Lehre, das Dharma, hat immer instrumentalen Charakter und bietet uns eine Palette von Möglichkeiten, das Leben mit mehr innerer Freude an den Wundern dieser Welt zu erfüllen, unser Lächeln, unsere Heiterkeit und Gelassenheit wiederzufinden,

Geduld mit uns selbst und anderen zu entwickeln. Wir können mehr Frieden in uns entstehen zu lassen, der seine Wirkung auf das private, berufliche und gesellschaftliche Umfeld hat, vor allem aber besser zuhören und schauen lernen, um uns und die Welt mit mehr Einsicht zu verstehen. Dieses tiefe Verstehen ist die Voraussetzung für Liebe, für diese immer umfassendere, nicht klassifizierend bewertende Zuwendung zu allem, was uns begegnet.

Ich habe in jahrzehntelanger Praxis allmählich gelernt, das Leben hier und jetzt – in jedem Augenblick – mit Achtsamkeit zu berühren, und entdeckt, dass dieses Leben nur im gegenwärtigen Moment, der dann zu einem wunderbaren Moment wird, gelebt werden kann.

Darüber hinaus erfuhr ich, welche Festigkeit und Stabilität in der Ruhe und Stille meditativer Übung zu finden ist, und dass »Frei-Sein« entsteht, wenn ich Vergangenes und Zukünftiges für einige Zeit loslassen kann und vollkommen im jeweiligen Augenblick verweile. Damit schaffe ich mir und anderen (zum Beispiel dem Partner, Kindern und Freunden) mehr Freiraum, der ihnen bessere Chancen zum eigenen Reifen und dem Gestalten ihres Lebensweges bietet.

Gelernt und geübt habe ich »die Kunst des achtsamen Lebens« viele Jahre in dem 1933 von einem außergewöhnlichen Menschen gegründeten Orden Arya Maitreya Mandala. Dieser Lehrer deutscher Herkunft, Lama Anagarika Govinda, war Künstler, Wissenschaftler und Meditationsmeister zugleich und ein überzeugendes Vorbild. Er lebte in jeder Minute seines Lebens das, was er lehrte, bis er 1985 als 86-Jähriger in die »große Verwandlung« einging.

In diesem Orden lernte ich durch intensives Studium, unter der Anleitung von Govindas Nachfolger, Ven. Advayavajra (Dr. K. H. Gottmann), die vielen Äste und Zweige dieses über zweieinhalbtausend Jahre alten, riesigen und wunderbaren Dharma-Baumes kennen und schätzen.

Er zeigte uns Wegweisungen und Belehrungen Buddhas, die bis heute überliefert sind und durch viele Generationen vom Erleuchtungsgeist erfüllter Menschen weitergetragen wurden, die seiner Lehre gemäß lehrten und sie für sich und ihre Schüler umsetzten. Praxisangebote, die der jeweiligen Zeit und den kulturellen Gegebenheiten entsprachen, ließen den Baum ständig wachsen und blühen. Auch in Europa bewirken seit etwa hundert Jahren immer mehr Menschen das weitere Wachstum dieses mächtigen Baumes.

1989 erfuhr ich in der Begegnung mit Dhyana-Meister Thich Nhat Hanh, vietnamesischer Lehrer der Tu Hiêu-Tradition und -Übertragungslinie sowie der von ihm weiterentwickelten Plum Village Dhyana-Schule, einen entscheidenden Durchbruch in meinem Dharma-Verständnis und meiner persönlichen Praxis. Dhyana, das Sanskrit-Wort für Meditation (der Begriff entspricht den Worten Zen in Japan, Chân in China oder Thien in Vietnam) bezeichnet hier die spezielle Ausprägung der Traditionslinie, die heute von Thich Nhat Hanh in der mittlerweile 42. Generation gelehrt wird.

Seine Energie der Achtsamkeit, seine Weise, den Buddha-Dharma zu leben und die intensiven Begegnungen mit vielen Freunden in der »heimatlichen Münchner Sangha« und in Plum Village sowie in den verschiedenen Meditationskreisen, aber auch auf Reisen in Vietnam, haben mein Verständnis für die Lehre, meine Inspiration und meine Übungen auf neue Weise geprägt und gestärkt.

In den 14 Regeln unseres Ordens kommt die ganze Breite und geistige Tiefe der Toleranz, Friedfertigkeit, Großzügigkeit und Gewaltfreiheit, sowie die klare Verantwortung jedes Einzelnen für unsere Welt und der Umgang mit sich und anderen zum Ausdruck.

Es wird sehr deutlich, dass Buddhismus keine »Welt-Abwendung« oder »Welt-Flucht« lehrt, sondern »Welt-Durchdringung« und die Befreiung von den Schichten der Ängste, des Ärgers, der Eifersucht, von Gier und Neid. Dies geschieht durch die eigene, beständige Praxis im Alltag, während der Gehmeditation und auf dem Kissen.

Ich möchte neun Aspekte aus einer Vielzahl von Beweggründen herausgreifen, die aufzeigen, warum die Lehre des Buddha heute mein Leben durchdringt und erfüllt:

Die aus eigener Überzeugung und Einsicht praktizierte Ethik
Diese drückt sich aus in den vom Buddha empfohlenen fünf Übungen der Achtsamkeit (*silas*), die liebevolle Zuwendung, Nichtverletzen und Gewaltfreiheit zur Grundlage haben und sich nicht nur auf den Menschen beschränken, sondern auch Tiere, Pflanzen und Mineralien mit einschließen. Somit wird die Einheit und grundlegende Gleichheit aller Wesen – weil sie alle das Erleuchtungspotential in sich tragen – ein fundamentaler Grundsatz buddhistischer Lebensführung.

Die offene Weite und universelle Haltung der Lehre

Sie erschließt einen Heilspfad zur Befreiung, den jedermann gehen kann, allerdings auch selbst gehen muss und der keinerlei Dogmatismus oder Fundamentalismus enthält.

Toleranz und Achtung vor anderen Wegen

Weil der Buddha Selbstachtung entwickelt hatte, konnte er auch anderen gegenüber Achtung und Toleranz lehren. Diese Toleranz basiert nicht auf Schwäche oder Gleichgültigkeit, sondern auf dem der Lehre innewohnenden Prinzip der geistigen Freiheit.

Nicht Glauben, sondern festes Vertrauen

Es wird kein Glauben erwartet, der möglicherweise im Widerspruch zur Vernunft, der eigenen Einsicht oder den Naturgesetzen steht, sondern allein das Vertrauen in die eigene Erkenntnis und Erfahrung ist die Grundlage buddhistischer Haltung. Buddha hatte den Mut – und das ist einmalig in der Geschichte der Religionen – Kritik zu fordern und seine eigene Lehre als ein spirituelles Angebot dem Urteil seiner Anhänger auszusetzen, nach dem Grundsatz: »Komm und schau es Dir an.« Erst die eigene Übung und dadurch gewonnene Erkenntnis ist Entscheidungsgrundlage für den persönlichen Weg. Bis diese persönliche Erfahrung und Einsicht eingetreten ist, kann und soll seine Lehre als »Arbeitshypothese« betrachtet werden.

Keine Absolutismen

Es gibt nichts aus sich selbst heraus Entstandenes, sondern immer die den jeweiligen Bedingungen, Ursachen und Konditionen gemäße Manifestation aller Erscheinungen. Enge dogmatische Einstellungen sind dem Buddhismus fremd.

Die tiefe ökologische Erkenntnis des Verwoben- und Durchdrungenseins von allen mit allen und allem

Die Grundlage hierfür bietet die zwölfgliedrige Kette des Entstehens in wechselseitiger Abhängigkeit (*pratija sumutpada*). Thich Nhat Hanh hat diese Vernetzung aller Erscheinungen mit der Wortschöpfung *interbeing* treffend charakterisiert.

Das Angebot der unterschiedlichen buddhistischen Traditionen

Es gibt eine Vielzahl von Lehrrichtungen mit erprobten, auf die unterschiedlichsten Persönlichkeitsstrukturen abgestimmten, meditativen Übungsmöglichkeiten.

Die tägliche Meditationspraxis

Die Übungen der Konzentration, des Innehaltens, des Beruhigens (*samatha*) und des tiefen Verstehens, und dadurch eine vorurteilsfreie, der Wirklichkeit gemäße Einsicht in die eigene Natur (*vipassana*) führt zu den vier unermesslichen Geisteszuständen, die unser Leben mit einer »Kultur des Herzens« erfüllen: zur liebevollen Zuwendung (*maitri*), zu der Fähigkeit, Leiden zu lindern (*karuna*), zur Freude und Mitfreude (*mudita*) und zum Gleichmut (*upeksha*), der sowohl die Einsicht stärkt, zu akzeptieren, was uns den Bedingungen gemäß widerfährt, als auch mehr Freiheit durch Loslassen und das Akzeptieren der Nicht-Dauer aller Erscheinungen dieser Welt ermöglicht.

Das Ziel des buddhistischen Heilspfades

Die Erfahrung, unsere Buddha-Natur zu entdecken, zu verwirklichen und ein vollendeter, freier Mensch, ein vollkommen Erwachter, also ein Buddha zu werden, ist Weg und Ziel zugleich.

Der historische Buddha und viele seiner Nachfolger weisen uns diese Richtung, in die jeder selbst gehen muss, um Befreiung von Leiden im weitesten Sinn, seien es falsche Ansichten und Meinungen, eingefahrene Gewohnheiten und Verhaltensmuster, also eine Loslösung von unserer begrenzten, unvollkommenen, in der Dualität verhafteten Lebensweise zu erreichen.

Unsere gemeinsamen Schritte:
Ein Angebot für Ihren Weg

Sieben Schritte auf diesem Weg, der eigentlich gar kein Weg ist, sondern erst und immer wieder durch unser eigenes Gehen entsteht, möchte ich vorstellen, erläuternd begleiten und dabei einige hilfreiche, erprobte und »geschickte« Mittel (*upayas*) für die Alltagspraxis anbieten.

Wir alle wollen lernen, liebevoller mit uns und anderen umzugehen, und weniger automatisch von Verhaltensmustern, Gewohnheitsenergien oder der Manipulation durch Dritte gesteuert denken und handeln. Durch unsere Praxis, durch tiefes Hinschauen in der Stille versuchen wir, unser »wahres Wesen« zu entdecken, zu erleben. Wir lernen allmählich, unsere Gedanken, Gefühle und Einsichten mit ruhigen Augen auf neue Weise anzuschauen.

Alle Begegnungen besitzen dann eine tiefe Bedeutung. Jeder Mensch und jede unserer Handlungen bietet eine neue Gelegenheit für persönliches Wachstum und vertiefte Einsicht. Die eigene Veränderung wird für uns klarer erkennbar. Solche tiefen Einsichten können bei ruhigen Spaziergängen im Wald, in schöner Landschaft, bei Bergwanderungen oder in einem Meditationsraum (bei mir zu

Hause nenne ich ihn oft das »Atemzimmer«) entstehen. Können wir solche Zeiträume einplanen, in denen wir tiefere Einsicht in uns selbst und die von uns erkannte Welt erlangen? Wir machen dann vielleicht die Erfahrung, dass keiner von uns eine Insel ist und jede unserer Handlungen tiefgreifende Auswirkungen auf alle anderen Menschen, ja das ganz Universum hat.

Die sieben Übungen dieses Buches sind so aufgebaut, dass wir zunächst vom Anhalten, Gewahrwerden und genauen Beobachten über die Beruhigung des »gewöhnlichen« Geistes zum Annehmen und Akzeptieren aller Erscheinungen, die dabei in uns auftauchen, gemeinsam gehen werden. Nach einigen Wochen kontinuierlicher Übung, die uns inspirieren kann, neue Erfahrungen vermittelt und vielleicht bereits mit Freude erfüllt, können wir uns den letzten drei Praxisbereichen, dem tieferen Schauen, der liebevollen Zuwendung uns selbst und anderen Menschen gegenüber und der Heilung unserer Verletzungen sowie der Transformation unheilsamer, negativer Gewohnheitsenergien und eingefahrener Verhaltensmuster widmen.

Selbstverständlich können Sie auch, wenn Sie bereits Meditationserfahrung besitzen, nur eine der Übungen auswählen und prüfen, ob Sie in Ihr vorhandenes Programm, Ihre bereits erprobten Schritte der Achtsamkeit mit aufgenommen werden sollten.

Für jedes Übungsangebot sollten wir uns täglich zweimal etwa 20 Minuten Zeit nehmen und möglichst unvoreingenommen üben, ohne zu fragen »was und wie schnell dies etwas bringt«. Wenn wir unsere Haltung im Alltag, unsere Gedanken und Gefühle genauer beobachten, können wir mit der Zeit ganz subtile Veränderungen gegenüber unserem bisherigen Umgang mit uns selbst und der Mitwelt entdecken. Etwa zwei Wochen lang sollte jeder Übungsteil Inhalt der täglichen Meditation, eines Geistestrainings zur Stärkung des achtsamen Lebens, sein.

Kontinuität und der feste Wille, sich auf diese Schritte einzulassen, die den Geist klarer und geschmeidiger machen, werden den Prozess unterstützen und ihn diese »Reise nach Hause« unverkrampft und heiter erleben lassen.

Nach dieser Zeit können Sie besonders hilfreiche Meditationsübungen wiederholen und vielleicht in einem Praxiszentrum vertiefen.

Sieben Schritte
und viele Hilfsmittel für unsere Praxis

Erster Schritt:

Anhalten, stoppen

Wir wollen uns besser kennen lernen.
Ruhig und still werden.
Auf Fragen Antwort suchen:
Wer bin ich? Wohin gehe ich?
Wie sehen meine Rollenspiele aus?
Was ist mit mir los?
Wenn mein Körper sprechen könnte, was würde er mir sagen?

Ich bin angekommen

Unser erster Schritt sollte die Übung des Anhaltens sein. Da dies für jede Meditationsübung der einleitende Schritt und ganz besonders wichtig für Leser ist, die wenig oder gar keine Erfahrung mit Meditationsübungen haben, gebe ich an dieser Stelle einige generelle Hinweise zur Übung der Sitzmeditation. Sie können die direkte Anleitung durch einen Meditationslehrer natürlich nicht ersetzen, jedoch erste Erläuterungen für die Praxis sein. Auch für Geübte mag diese etwas ausführliche Einleitung eine hilfreiche Erinnerung sein.

Die innere Haltung, mit der wir uns auf das Kissen, ein Sitzbänkchen oder einen Stuhl (möglichst ohne Armlehne) setzen, wurde von mir in dem Wort HALLO zusammengefasst. Dies wird in der dritten Meditationsübung erläutert.

Wir sitzen aufrecht – mit geradem Rücken – jedoch nicht steif oder verkrampft. Kopf, Nacken und Rücken sollen eine Gerade bilden. Auf dem Kissen werden die Beine im Lotus- oder Halblotussitz übereinander geschlagen. Es ist auch möglich, in einer Art Schneidersitz, ein Bein so dicht wie möglich an den Körper heranzuziehen und das andere locker davorzulegen. Dabei sollten die Knie auf alle Fälle unten aufliegen. Notfalls kann man ein kleines Kissen oder Kleidungsstück dazwischen schieben, wenn sie den Boden nicht von selbst berühren. Eine andere Möglichkeit ist, mit einem oder zwei Kissen unter sich zu knien, die Beine parallel, die Füsse nach hinten zeigend. Dies erfordert einen weichen Untergrund unter den Knien.

Ähnlich ist die Haltung auf einem so genannten Meditationsbänkchen, wo die Beine unter den leicht nach vorn geneigten Sitz geschoben werden.

Sitzen wir auf einem Stuhl, stellen wir die Beine nebeneinander im Abstand unserer Schultern auf den Boden. Die Hände liegen auf den Oberschenkeln oder bilden eine Schale, die rechte Hand in der linken (im japanischen Zen ist es andersrum), die Daumen zart aneinander gelegt. Unsere Schultern sollten locker bleiben und möglichst nicht hochgezogen werden. Die Augen sind, um hellwach und gegenwärtig zu bleiben, nur halb geschlossen und wir schauen etwa einen Meter vor uns auf den Boden. Die innere Heiterkeit sollte sich durch ein Halblächeln auf unserem Gesicht zeigen. Wir verbinden uns vollkommen mit unserem Atem und beobachten ihn, ohne ihn dabei bewusst zu beinflussen.

**Ich weiß, dass ich einatme,
ich weiß, dass ich ausatme.**

Wenn körperliche Schmerzen während der Meditationssitzung auftreten, die uns von unserer Aufmerksamkeit auf den Atem ablenken, beobachten wir genau wie der Schmerz kommt und geht, wo und mit welcher Intensität er auftritt. Erst dann, also keinesfalls durch automatischen Reflex (es juckt, ich kratze sofort), sondern nach genauer Beobachtung, verändere ich achtsam meine Sitzposition. Die Zeit der meditativen Übung sollte wenigstens 20 – 25 Minuten betragen.

Eine Eieruhr, die nach Ablauf der Zeit läutet, kann uns dabei helfen, nicht ständig zu überprüfen, ob die Sitzung wohl zu Ende sei. Zehn Minuten intensiven Sitzens können wertvoller sein, als eine halbe Stunde unkonzentriert dahinzudämmern.

Alle Gefühle und Wahrnehmungen, Gedanken und Bilder lassen wir kommen und gehen und beobachten sie wie an einem Flussufer sitzend. Wir halten nichts fest, lassen alle Erscheinungen vorbeiziehen und gehen immer wieder geduldig und sanft zurück zu unserem Atem. Der Atem kann beobachtet und begleitet werden, wie er in die Nase ein- und austritt. Wir lernen dabei auch, das Gefühl zu entwickeln, mit dem ganzen Körper ein- und auszuatmen. Eine Übung, die die Verbindung von Körper und Geist über die Brücke des Atems besonders vergegenwärtigt, ist die im zweiten Schritt dieses Buches erläuterte Übung des bewussten Atmens.

Ablenkung in Form von Gedanken und körperlichem Unbehagen tritt immer wieder auf und will von der angestrebten Ruhe, Gelassenheit und Konzentration wegführen. Das ist ganz normal. Wir bringen unsere Aufmerksamkeit immer wieder zurück zum Atem, bleiben sanft und geduldig mit uns und lernen dabei vielleicht schon, mit unangenehmen Empfindungen anders umzugehen als sonst.

Wenn wir aber zu erregt sind, um still zu sitzen, empfiehlt sich die Konzentration auf das Heben und Senken der Bauchdecke oder eine Meditation im Gehen.

Sind wir in gutem Kontakt mit unserem Atem, dann wenden wir uns, ohne diesen zu unterbrechen, einem Objekt unserer Meditation zu. Wir können uns zum Beispiel unserem Körper, einer bestimmten inneren Haltung, einem inneren Bild oder einem anderen, zunächst in Worte gefassten Werkzeug für unseren Geist (*mantra*) zuwenden. Diese Vor-Stellung, in Sätze oder bestimmte Ein-Bildungen gefasste geistige Ausrichtung, wird konkret mit unserer Einatmung und Ausatmung gekoppelt. Verlieren wir den Faden oder lässt die Konzentration auf das Übungsobjekt nach, so gehen wir zunächst zurück zum Atem. Dann können wir uns immer wieder neu sanft und geduldig der jeweiligen Übung annähern.

Ich bin angekommen
Ich bin zu Hause

Ich bin im Hier
Ich bin im Jetzt

Ich bin gefestigt
Ich bin frei

Im Buddha-Land verweile ich

Unsere erste Übung ist die Konzentration auf das Meditationsobjekt des Zu-sich-nach-Hause-Gehens. Sie begleitet mich seit vielen Jahren. Die folgenden vier Stufen vergegenwärtige ich mir mehrmals am Tag. Sie sind das Konzentrat meiner Bemühungen, mit oft schwierigen Alltagssituationen umzugehen und erneut zum bewussten Atmen zu finden.

Ich bin angekommen
Ich bin zu Hause

Es ist wunderbar, immer wieder neu zu entdecken, was es bedeutet, schon angekommen zu sein, das ständige Suchen und Umherjagen endlich aufzugeben, nicht mehr in der Angst zu leben, etwas Wichtiges versäumen oder erwerben zu müssen, zu erkennen, dass es darum geht, freizusetzen und nicht weiterhin außerhalb von uns zu suchen, und durch Stille, Konzentration und Achtsamkeit sich dem anzunähern, was seit anfanglosen Zeiten unsere eigene unverlierbare, unzerstörbare, tiefste Natur ausmacht.

Wir können uns vorstellen, wir seien ein Haus mit fünf Fenstern und einer Tür (d. h. den sechs Sinnesorganen und den dazugehörenden Bewusstseinsarten), die es zu schließen gilt, wenn der Sturm durch die offenen Fenster und Türen braust, die dann überall verstreuten Papiere (unsere Gedanken und Empfindungen) zu ordnen und ein Kaminfeuer anzumachen, sein Licht und die Wärme zu genießen und die Geborgenheit mit starker Intensität zu fühlen.

Dieses Bild und die damit verbundenen Gefühle, die Freude, mein Lächeln rasch, gerade in schwierigen Situationen des Alltags entstehen lassen zu können, ist ein wichtiges Ergebnis der meditativen Übung. Ich kann mir erlauben, mit einem Schritt aus einer kritischen Lage herauszutreten, zu meinem bewussten Atem zurückzukehren und für ein paar Momente »nach Hause zu gehen«. Dadurch lerne ich immer öfter, bei mir und nicht außer mir zu sein.

Wir haben unser Zuhause in Meditationsseminaren gemalt, um unser Gefühl, unsere Vorstellung im Bild auszudrücken und um zu entdecken, was es bedeutet, tief zu empfinden, bei sich daheim zu sein, unabhängig von äußeren Umständen, bestimmten Menschen und schwierigen Situationen.

Ich bin im Hier
Ich bin im Jetzt

In dieser Phase üben wir völlige Gegenwärtigkeit und Präsenz: jeden Gedanken, jedes Gefühl zu erkennen, jede Bewegung bewusst auszuführen und somit wirklich gegenwärtig zu sein. Wir erleben dabei mit großer Dankbarkeit, wie unser Da-Sein eine ganz neue und intensive Qualität bekommt und unser Leben in seiner ganzen Fülle berührt.

Ich bin gefestigt
Ich bin frei

Nun erfahre ich, indem mein Atem bewusst in den Bauchraum, den Stamm (*hara*) meines Lebensbaumes geführt wird, jene tiefe Gelassenheit, Festigkeit und Stabilität, die meine Unruhe, Rastlosigkeit und die damit verbundenen Sorgen und Ängste allmählich verwandelt.

Dazu tritt der Aspekt der Freiheit, nämlich ein Freisein von Erinnerungen und belastenden Gefühlen aus Vergangenem sowie sorgenvollen und angstvollen Erwartungen auf Zukünftiges. Diese Freiheit, vom gegenwärtigen Moment ganz erfüllt zu sein, unbelastet von dem, was war und sein wird, bringt mir Zuversicht, die mit großer Freude und tiefer Dankbarkeit verbunden ist. Die Meditationsübung »Einatmend wird mir der gegenwärtige Augenblick bewusst, ausatmend erlebe ich ihn als einen wunderbaren Moment« ermöglicht mir, die lebendige, konkrete Wirklichkeit zu vergegenwärtigen und mein Leben intensiv zu berühren.

Im Buddha-Land verweile ich

Selbst dieser Schritt, auf dem Meditationskissen oft geübt, kann im Alltag nachvollzogen werden. Die Erkenntnis, dass wir nicht nur Welle sind, sondern auch die Fähigkeit haben, das Wasser »des Ozeans des Lebens« in uns zu berühren, wird uns häufiger und tiefer die vier »Unermesslichen Geisteszustände« oder »Göttlichen Verweilungen« (*brahmaviharas*) – jene Kultur des Herzens, die uns Buddha mehrmals empfohlen hat – bewusst werden lassen.

Sie werden durch kontinuierliches Üben unser Denken, Reden und Handeln im Umgang mit Menschen und Situationen immer mehr leiten. Diese Qualitäten sind die *der liebevollen Güte* zu allem, was existiert, *des Mitgefühls*, also unserer Fähigkeit, Leiden lindern zu helfen, *der Freude und Mitfreude* sowie *des Gleichmuts*, der parteilosen

Zuwendung zu allen Wesen. Gleichmut schließt das Akzeptieren des »So-Seins« von Menschen, Situationen und Gefühlen ebenso ein wie das Loslassen all dessen, woran wir anhaften, klammern und festhalten wollen. Die vier Eigenschaften, verbunden mit der Energie der Achtsamkeit, werden somit allmählich Teil unseres Wesens auf dem Weg zur Befreiung.

Zweiter Schritt:

Genau beobachten,
alle Erscheinungen betrachten

Wie vermeiden wir falsche Wahrnehmungen?

Haften wir an Konzepten,

Vorstellungen,

Wünschen,

die häufig viel Leiden verursachen können?

Wie erlangen wir Einsicht

in unsere »Überstülpungen« (*parikalpitas*) der Wirklichkeit,

unsere Gewohnheitsenergien und Automatismen?

Die Übung des bewussten Atmens

Wir alle wünschen uns mehr Freude, inneren Frieden, mehr Geduld in uns und mit anderen, mehr Gelassenheit und Gleichmut. Dazu bedarf es der Fähigkeit still zu werden und zu lernen, uns mit dem Atem ganz tief zu verbinden, anzuhalten und uns für einige Zeit auf ein Objekt unserer Meditation – in der Regel unser Atem – konzentrieren zu können. Wir nennen diese Meditationsübung *samatha*.

Das zweite meditative Element ist *vipassana*, der Klarblick, das heißt, tiefe Einsicht in alle Erscheinungen unserer Wirklichkeit zu gewinnen.

Der Schlüssel zu jeder meditativen Übung ist die Achtsamkeit. Bei dieser Übung wird sie verbunden mit unserem Atem.

Achtsames Atmen führt zu körperlichem und geistigem Gleichgewicht, innerer Harmonie und Frieden. Der Atem ist eine vermittelnde Brücke zwischen Körper und Geist. Er verbindet das Bewusste mit dem Unbewussten. Wenn wir unserem Atem eine Qualität geben, hat dies eine unmittelbare Auswirkung auf das Wohlbefinden unseres Körpers wie auch den Zustand des Geistes.

Sich der Atmung bewusst zu werden, hat viele heilsame Auswirkungen:

Erstens erinnert uns die Atmung daran, zum gegenwärtigen Augenblick zurückzukommen. Ganz »da« zu sein und auf diese Weise im »Hier und Jetzt« unser Leben zu berühren.

Zweitens versorgt uns bewusstes Einatmen mit dem nötigen Sauerstoff, so dass Lethargie und Schläfrigkeit sich nicht breit machen und der Körper sich zu regenerieren vermag.

Drittens lässt tiefes Gewahrsein nicht nur Ruhe, Stille und inneren Frieden in uns entstehen, sondern das Beobachten und die Konzentration auf die Ausatmungs- oder Entspannungsphase hilft, unseren Körper und Geist in Zeiten starker Anspannung (Arbeitsstress, Beziehungsprobleme, viele Formen von Ängsten und Wut) ins Gleichgewicht zu bringen.

Schließlich führt bewusstes Atmen zur Beruhigung und Klarheit des Geistes.

Versuchen wir also zunächst, mit folgender Übung in fünf Stufen unserem Atem eine Qualität zu geben, die sich heilsam auf unseren körperlichen und geistigen Zustand auswirken wird.

Ich atme ein und weiß, dass ich einatme
Ich atme aus und weiß, dass ich ausatme

Ich werde mir also zuerst des Atmens überhaupt bewusst.

Einatmend wird mein Atem tief
Ausatmend wir mein Atem langsam

Wir wollen nicht den Atem beinflussen, sondern den Atemvorgang nur beobachten, fließen lassen und ihn dabei achtsam begleiten, in den Körper hinein und aus dem Körper heraus.

Einatmend fühle ich mich ruhig
Ausatmend fühle ich mich leicht

Hier können wir genau beobachten, wie sich ruhiger Atem auf Körper und Geist ausdehnt und uns leichter, durchlässiger macht. Eine oft dumpfe Schwere oder das Gefühl, beengt zu sein fällt allmählich von uns ab.

Einatmend lächle ich mir zu
Ausatmend werde ich frei

Dem ganzen Körper zuzulächeln entspannt ihn. Alle unsere Muskeln werden lockerer. Ein Halblächeln durch den Körper zu senden ist wie ein frischer, kühler Bach, der heilend durch unseren Körper fließt.

Einatmend verweile ich im gegenwärtigen Moment
Ausatmend weiß ich, dass es ein wundervoller Augenblick ist

Diese Übung bringt den Meditierenden in den gegenwärtigen Moment. Er begegnet seinem Leben im »Jetzt« und nur in der Gegenwart verweilend sind wir mit unserem Leben wirklich in Kontakt. Nun können Frieden, Freude, die Buddhanatur und Formen wirklichen Glücks gefunden werden.

Eine »klassische« Meditationsübung ist die Lehrrede über das bewusste Atmen (*annapanasati-sutra*), die der Buddha selbst gelehrt hat und in dem auf besonders eindrucksvolle Weise das Zusammenspiel von Körper, Geist und Atem in 16 Schritten dargelegt ist. Dort heißt es:

Da begibt sich der Übende in den Wald oder zum Fuße eines Baumes oder an einen anderen verlassenen Ort, setzt sich im Lotussitz nieder, hält den Körper gerade aufgerichtet und errichtet die Achtsamkeit in sich. Einatmend weiß er, dass er einatmet; und ausatmend weiß er, dass er ausatmet.

1. *Bei einer langen Einatmung weiß er: »Ich atme lang ein.« Bei einer langen Ausatmung weiß er: »Ich atme lang aus.«*

2. *Bei einer kurzen Einatmung weiß er: »Ich atme kurz ein.« Bei einer kurzen Ausatmung weiß er: »Ich atme kurz aus.«*

3. *»Ich atme ein, meinen ganzen Körper bewusst wahrnehmend. Ich atme aus, meinen ganzen Körper bewusst wahrnehmend.« So übt er sich.*

4. *»Ich atme ein, meinen Körper ruhig und friedvoll werden lassend. Ich atme aus, meinen Körper ruhig und friedvoll werden lassend.« So übt er sich.*

5. *»Ich atme ein, ein Gefühl der Freude empfindend. Ich atme aus, ein Gefühl der Freude empfindend.« So übt er sich.*

6. *»Ich atme ein, ein Gefühl des Glücks empfindend. Ich atme aus, ein Gefühl des Glücks empfindend.« So übt er sich.*

7. *»Ich atme ein, die Aktivitäten des Geistes in mir bewusst wahrnehmend. Ich atme aus, die Aktivitäten des Geistes in mir bewusst wahrnehmend.« So übt er sich.*

8. *»Ich atme ein, die Aktivitäten meines Geistes ruhig und friedvoll werden lassend. Ich atme aus, die Aktivitäten meines Geistes ruhig und friedvoll werden lassend.« So übt er sich.*

9. *»Ich atme ein, meinen Geist bewusst wahrnehmend. Ich atme aus, meinen Geist bewusst wahrnehmend.« So übt er sich.*

10. *»Ich atme ein, meinen Geist glücklich und friedvoll werden lassend. Ich atme aus, meinen Geist glücklich und friedvoll werden lassend.« So übt er sich.*

11. *»Ich atme ein, meinen Geist konzentrierend. Ich atme aus, meinen Geist konzentrierend.« So übt er sich.*

12. *»Ich atme ein, meinen Geist befreiend. Ich atme aus, meinen Geist befreiend.« So übt er sich.*

13. »Ich atme ein, die unbeständige Natur aller Erscheinungen beobachtend. Ich atme aus, die unbeständige Natur aller Erscheinungen beobachtend.« So übt er sich.

14. »Ich atme ein, das Erlöschen aller Erscheinungen beobachtend. Ich atme aus, das Erlöschen aller Erscheinungen beobachtend.« So übt er sich.

15. »Ich atme ein, die vollkommene Befreiung betrachtend. Ich atme aus, die vollkommene Befreiung betrachtend.« So übt er sich.

16. »Ich atme ein, das Loslassen betrachtend. Ich atme aus, das Loslassen betrachtend.« So übt er sich.

Wird die Achtsamkeit auf die Atmung in Übereinstimmung mit diesen Anweisungen fortwährend entfaltet und geübt, so wird sie reiche Früchte tragen und von großem Gewinn sein.

Dritter Schritt:

Berühren und beruhigen

Wir versuchen,
mit allem, womit wir in Kontakt kommen,
auf sanfte, gewaltfreie Weise
umzugehen.
Nichts verdrängen, sondern anschauen
und durch achtsames Atmen
Beruhigung entstehen lassen.

HALLO

Anregungen für unsere Meditation

Mit diesem Schritt überprüfen und verbessern wir die Haltung, mit der wir unsere Meditationsübung beginnen. Wir lernen jetzt, auf sanfte, gewaltfreie Weise mit uns und später auch mit anderen umzugehen. Dabei werden wir immer fähiger darin, Freude und innere Heiterkeit, verstärkte Konzentration und Gewahrsein zu entfalten und uns anzunehmen. Nichts mehr zu verdrängen, alles in Vergangenheit und Zukunft Liegende fallen zu lassen und eng mit unserem Atem verbunden zu sein, lässt uns ohne Erwartung das Ich öffnen, um jene Weite zu erfahren, die den gegenwärtigen Moment genießen lässt.

Seit vielen Jahren entfalte und kräftige ich vor und während meiner Sitz- und Gehmeditation einige Elemente, die ich in dem Wort HALLO zusammengefasst habe. HALLO wird auf diese Weise zu einem Werkzeug des Geistes (*mantra = manas*, der Geist, und *tra*, das Werkzeug).

Die erste wesentliche Haltung ist meine innere **Heiterkeit** und Freude, die während der Meditation noch verstärkt, kultiviert und tiefer erfahrbar, physisch nahezu »greifbar« wird. Es ist wichtig, mit einem ruhigen, heiteren Gemüt diese »Reise nach innen« anzutreten. Mit Wut und starker Erregung oder Unruhe wird meine Meditationsübung wenig hilfreich und nicht von Gleichmut und tie-

44

fer Stille erfüllt sein. Ich pflege in diesem Fall Entspannungsübungen und Atemübungen durch Konzentration auf das Heben und Senken der Bauchdecke voranzustellen.

Vor allem Gehmeditation im Freien dient besser als die Sitzmeditation auf dem Kissen dazu, eine beruhigte, gelassene Geisteshaltung zu erreichen.

A steht für **Achtsamkeit.**

Mein Freund *sati* (Achtsamkeit auf *pali*) oder *smrti* (auf *sanskrit*) begleitet mich durch den ganzen Tag. Die Meditationszeit dient der Stärkung und Festigung dieser wunderbaren Energie. Achtsamkeit oder Vergegenwärtigung erfüllt alle unsere spirituellen Übungen und wir wissen um die entscheidende Bedeutung dieser kraftvollen, heilenden und transformierenden Energie. Achtsamkeit ist eine Energie, die tiefes Verstehen (Weisheit) enthält und die Essenz eines vollendeten, vollkommen erwachten Menschen, also eines Buddha bildet.

Die **liebevolle**, vor allem auch uns selbst annehmende und verstehende, die negativen und positiven Geisteshaltungen gleichermaßen akzeptierende **Zuwendung**, ist im ersten **L** enthalten. Eine großartige, diese liebevolle Haltung zu uns selbst fördernde Übung ist die *maitri*-Meditation: »Möge ich glücklich, friedvoll und leicht in Körper und Geist sein«, die später von mir beschrieben wird. *Maitri* – uns selbst in unserem »So-Sein« anzunehmen (im Wissen um die Möglichkeit, durch eigenes Bemühen die Bedingungen, welche die Grundlage für Veränderung in eine heilsame Richtung sind, zu ändern), ist eine Voraussetzung für die liebende Güte zu allen anderen Wesen und Erscheinungen. Sie ist eng verbunden mit Maitreya, dem großen Liebenden und Buddha der Zukunft, der dieses 21. Jahrhundert bestimmen wird und sich vielleicht in einer praktizierenden Gemeinschaft manifestiert.

»Wer auch nur einen Augenblick lang liebevolle Gesinnung entfaltet, der bemüht sich um die Verwirklichung der Lehre und seine Übung ist nicht vergebens. Aber noch mehr gilt dies für den, der sich immer wieder um liebevolle Gesinnung bemüht.« (*anguttara-nikaya* 1.6.4.)

Das zweite **L** bezieht sich auf **Loslassen.**
Meditation ist nicht nur ein Weg der Reinigung, Heilung und Transformation unserer Geisteszustände, das Entdecken unserer wahren Natur, sondern auch ein »Weg des Lassens«, wie ich 1985 eine schöne, buddhistische Radiosendung, die zu Weihnachten ausgestrahlt wurde, benannte.

Freiheit entsteht dadurch, dass wir immer mehr Bedürfnisse, Wünsche, Ansichten und Konzepte loszulassen vermögen. Für mich waren es tiefe Erfahrungen und das Öffnen neuer Freiräume, Alkohol, Fleischverzehr, bestimmte gesellschaftliche Lebensformen (wie politische Parteien, Sportclubs, Parties) allmählich immer mehr abzulegen. Auch manche Bekannte und so genannte Freunde, deren Gespräche und Unterhaltungsgewohnheiten für mich immer beliebiger und bedeutungsloser wurden, gehören heute nicht mehr zu meinem Lebenskreis.

Meditative Übungen ermöglichen tiefere Einsichten und Reifeprozesse, die mich zu einem einfacheren, von klarer Motivation und Ausrichtung erfüllten Leben führen. Konzepte, Meinungen, Verhaltensmuster aus »Dharma-Augen« (meinem buddhistischen Namen »Wahres Auge des Dharma« folgend) neu zu betrachten und zu verändern, macht mein Leben zu einem spannenden Abenteuer, das mehr und mehr Freiräume öffnet.

»Beim angenehmen Gefühl ist die Neigung zum Begehren aufzugeben, beim unangenehmen Gefühl die Neigung zum Widerstreben und beim neutralen Gefühl die Unbewusstheit.« (*majjhima-nikaya* 44)

Das **O** schließlich erinnert mich an **Offenheit** und den »Anfängergeist«.

Ich versuche immer wieder frisch in die Meditation hineinzugehen, mit offenem Herzen, ohne Erwartungen, ohne Frage nach Ergebnis oder Fortschritt. Wir können zulassen, dass etwas geschieht, uns öffnen, verfügbar werden, alle geistigen, psychischen und physischen Phänomene akzeptieren, wie sie sind, als einen Teil unseres Wesens. Ein leises, verstehendes Lächeln und viel Geduld mit uns selbst ermöglichen und unterstützen die Verwandlung der Kräfte in uns und die Entdeckung unserer wahren Natur.

»Wird die Atem-Achtsamkeit in der rechten Weise entfaltet, so ist keinerlei Neigung da, in Gedanken in »der Welt der zehntausend Dinge« umherzuschweifen und so Unruhe zu erzeugen«. (*itivuttaka* 85) Oft erinnere ich mich an weitere Worte Buddhas, wie sie uns im *puggala-pannasati* überliefert sind:

»Vier Arten von Menschen gibt es:
Der Erste versteht unmittelbar –
Der Zweite braucht eine Erklärung –
Der Dritte versteht nur nach einer gewissen Schulung –
Dem Vierten – sind Worte die Hauptsache.«

Vierter Schritt:

Umarmen und annehmen

Sei es ein Mensch, eine Situation,
ein Gefühl oder ein Gedanke,
wir sagen dazu:
Auch du darfst sein!
Sind es unsere Ängste und Schmerzen,
nehmen wir sie an
als Teil von uns und unserem Leben.
»Hallo, da bist du ja wieder –
ich kenne dich schon und kann dich akzeptieren.«

Die Mani-Stein-Meditation

Diese Übung ist in leicht abgewandelter Form auch sehr gut für Kinder geeignet. Sie vermittelt uns meditative Stille, bildhaftes Schauen, das nicht nur bei uns Erwachsenen durch Fernsehen und Internet immer mehr verkümmert ist. Sie fördert aber auch eine innige Zuwendung zu Menschen und anderen Lebewesen, die wir lieben.

Das Annehmen von allem, was an Widerständen, Gefühlen und Gedanken während der Übung auftritt, ist wesentlich für die Entwicklung von Gleichmut. Es geht darum, die Menschen, Situationen und unsere eigenen Geisteszustände so anzunehmen, wie sie erscheinen. Aber auch an schönen, liebevollen und beglückenden Aspekten wollen wir nicht festhalten, nicht »klammern«, sondern diese ebenso wieder loslassen. Gerade dabei lernen wir, das Gegenwärtige im Wissen um seine Vergänglichkeit dankbar zu schätzen, liebevoll zu pflegen und auch zu genießen.

Es gibt Steine der Verwandlung, der tieferen Erkenntnis und der liebevollen Zuwendung, die erst durch unsere Übung zu strahlenden Juwelen werden.

Aus der tibetischen Tradition kennen wir »Mani« als »Stein der Weisen« (*cintámani*), einen Edelstein, den Avalokiteshvara, der Bodhisattva des unendlichen Mitgefühls, vor seinem Herzen hält. »Wer dieses Juwel besitzt, überwindet den Kreislauf von Tod und Geburt und gewinnt Unsterblichkeit und Befreiung. Es kann nirgends anders als im Lotus (*padma*) des eigenen Herzens gefunden werden. Dies ist die erste Lehre des wunderbaren Mantras OM MANI PADME HUM.« (*Lama Anagarika Govinda*)

Die Übung der sechs Steine hat mich immer wieder an einen solchen Mani-Stein erinnert. Jene sechs Steine, die wir dafür verwenden werden, können durch die Meditation allmählich wunderbare Instrumente für unsere Konzentrationsfähigkeit und klare Einsicht bilden. Sie formen sich zu leuchtenden Edelsteinen unserer liebevollen Zuwendung und unseres tiefen Verstehens.

In unserer Gemeinschaft der Übenden, der Sangha, verwenden wir ein kleines Säckchen, in dem wir sechs selbst gesammelte Steine aufbewahren. Wir platzieren sie vor der Meditation auf unsere linke Seite und nehmen einen Stein achtsam und behutsam auf, um ihn in unsere rechte Hand zu legen. Auf jedem Stein steht imaginär der Name eines Menschen, mit dem wir in Kontakt treten und dabei unseren Stein als Mittel der Konzentration und Kommunikation einsetzen. Wir werden nun ernährt von all den Menschen, die wir aufrufen, zum Beispiel:

Einatmend »Mutter! Hier bin ich.« – Ausatmend »Danke! Ich bin ganz bei Dir.«

oder: Einatmend »Buddha! Ich bin hier.« – Ausatmend »Es berührt mich tief, sehr nahe bei und mit Dir zu sein.«

Sechs Steine wandern jeweils etwa 30 Atemzüge lang durch unsere Hände. Wir schauen Gesichter und Gestalten; wir lassen Gefühle und Empfindungen zu. Dabei treten wir in intensiven Kontakt mit

Personen, die wir lieben, verehren, denen wir nahe sein wollen. Es ist unerheblich, ob sie noch am Leben oder in die große Verwandlung gegangen, also gestorben sind.

Es können unsere Eltern, Kinder, Freunde, Lebenspartner, Lehrer, aber auch Buddha, Jesus, ein Bodhisattva oder ein Heiliger sein. Wir vergegenwärtigen sie als Erscheinungen vor unserem geistigen Auge. Sie alle sind Objekte unserer Achtsamkeit und wir lieben diese Menschen, die in uns Frieden und Freude entstehen lassen.

Wir geben dann diese sechs Steine, welche wir jeweils sorgfältig auf die rechte Seite abgelegt haben, erneut nacheinander mit der rechten in die linke Hand und vergegenwärtigen sechs Orte, Tiere, Pflanzen oder Mineralien, bei welchen wir wiederum je drei bis vier Minuten verweilen. Diese können unser innerstes Zuhause sein (ich bin angekommen, ich bin zu Hause), der blaue Himmel, ein Berg, das Meer, unser Lieblingsbaum, ein Tier oder eine Blume.

Bei einer dritten »Runde« mögen die sechs *»paramitas«*, Eigenschaften eines Bodhisattvas (ein Wesen, das Erleuchtung realisiert hat) aufgerufen werden. Es sind Geisteshaltungen, die »zum anderen Ufer« führen, einem Bereich, der frei von falschen Vorstellungen, Wahrnehmungen und leidvollen Zuständen, dafür aber erfüllt von tiefem Frieden, freiem Raum und großer Freude ist. Diese Eigenschaften sind: 1. Geben, Großzügigkeit; 2. die in unseren Achtsamkeitsübungen zum Ausdruck gebrachte Sittlichkeit; 3. Herzensweite im Sinne der Fähigkeit, auch Unliebsames anzunehmen und Geduld mit uns und anderen zu stärken, um einen Prozess des Reifens zu ermöglichen; 4. Tatkraft und Kontinuität; 5. Meditation; 6. tiefes Schauen und Verstehen.

Wir betrachten sie unter dem Aspekt: »Wie oft ist diese Eigenschaft in mir verfügbar? Wie stark sind ihre Samen in mir lebendig?«

Wir schauen auf Situationen, Gefühle und innere Bilder, um zu erkennen, wo wir in unserer Anstrengung und Praxis stehen, und stärken gleichzeitig die Energie der Paramita-Samen in uns.

Diese tiefe Meditation beenden wir mit einem stillen, heiteren und dankbaren Verweilen im »present moment, wonderful moment«.

Wir können sehr kreativ mit unseren Mani-Steinen, die wir vielleicht ständig bei uns tragen, üben und manchmal auch nur vier oder fünf Steine einsetzen, dafür dann bei den Objekten unserer Konzentration länger verweilen. Wir werden sie gut und fest in der Hand halten, um ein klareres und einsichtsvolleres Schauen zu lernen.

Die Mani-Stein-Praxis wird uns helfen, den Alltag achtsam und auf neue Weise zu leben, mehr Einsichten und eine liebevollere Zuwendung zu allen Mitwesen und zur Natur zu entwickeln und unserer innere und äußere Mitwelt besser verstehen und dadurch lieben zu lernen.

Fünfter Schritt:

Tiefer schauen, besser verstehen

Wir versuchen,
uns und die anderen und alle Begegnungen,
Wahrnehmungen und Manifestationen
von Bedingungen und Umständen –
ob sehnlichst herbeigewünscht oder gefürchtet und abgelehnt –
in ihrer Gesamtheit und Wirklichkeit zu erkennen.
Mit mehr Achtsamkeit
können wir
eine Situation besser verstehen
und vielleicht als ein »persönliches Lernprogramm«
für uns annehmen.

Die Praxis der Drei Berührungen der Erde

Diese Übung soll uns helfen, unser Leiden tief in unserem Bewusstsein zu transformieren. Wir beugen uns ganz konkret körperlich nieder und berühren die Erde, den Wohnzimmerteppich oder das Gras im Garten mit unserem Kopf, den Armen, Händen und Unterschenkeln oder mit dem ganzen Körper. Dann können wir unsere Handinnenflächen wie kleine Schalen nach oben öffnen. Dies ist eine Geste des Loslassens all unserer Probleme, unserer Schmerzen über unsere Fehler und unserer Vorstellungen über uns selbst. Bei der Erdberührung lassen wir dies alles in die Erde fließen, vertrauen dieser unseren Körper und Geist vollkommen an. Wir lassen unser Herz so weit werden wie die Erde und können dabei den Zustand des Heilseins und der Verbundenheit zu allem anderen wiederfinden.

Man kann diese Übung allein oder zusammen mit anderen machen oder sich von einem Vorleser beziehungsweise einer selbst besprochenen Audiokassette durch die Texte führen lassen. Das macht die Konzentration am Anfang einfacher.

Die erste Berührung repräsentiert die Zeitdimension, die man sich wie eine vertikale Linie vorstellen kann. Die Dimension des Raumes, vorgestellt durch eine horizontale Linie wie in einem Rasterkreuz, wird durch die zweite Berührung angesprochen. Über und unter dieser Plattform des Lebens im Hier und Jetzt wölbt sich die dritte, die nirvanische Dimension, die jenseits von Zeit und Raum die anderen Dimensionen einschließt und gleichzeitig in diesen enthalten ist.

Wir haben hier ein wunderbares, tief wirkendes, die innerste Natur unseres Wesens berührendes Instrument, das uns einen weiten, verwandelnden Erfahrungsraum öffnet. Mit dem Erlebnisprozess, den diese Übung ermöglicht, können wir uns Schritt für Schritt, durch eigenes kreatives Gestalten der Einsicht in die Welt-Anschauung und Welt-Wahrnehmung gemäß dem Buddha-Dharma annähern.

Die Erfahrungen langer kontinuierlicher Praxis, zunächst auf der Grundlage eines vorgegebenen Textes, allein und in Gemeinschaft mit Freunden gelesen, möchte ich in einigen Aspekten meiner Erfahrung teilen. Zunächst sei der Originaltext, wie ihn Thich Nhat Hanh entwickelt hat, den Erläuterungen vorangestellt.

Die erste Berührung der Erde

Ich berühre die Erde und verbinde mich mit meinen Vorfahren und den Nachkommen meiner spirituellen und meiner leiblichen Familie. Zu meinen spirituellen Vorfahren gehören auch der Buddha, die Bodhisattvas, die Edle Sangha der Buddhaschülerinnen und -schüler...(setze hier die Namen derjenigen ein, die du gern dazurechnen möchtest) und meine eigene spirituelle Lehrerin, mein spiritueller Lehrer – ob noch am Leben oder bereits dahingegangen. Sie sind in mir gegenwärtig, weil sie mir Samen des Friedens, der Weisheit, der Liebe und des Glücks übertragen haben. Sie haben in mir die Quelle des Verstehens und des Mitgefühls erweckt. Wenn ich meine spirituellen Vorfahren betrachte, sehe ich die, die bereits perfekt sind in der

Praxis der Achtsamkeitsübungen (Richtlinien), des Verstehens und des Mit-
gefühls und auch diejenigen, die darin noch nicht vollkommen sind. Ich
akzeptiere sie alle, denn auch in mir erkenne ich Schwierigkeiten und
Schwächen. Ich bin mir bewusst, dass ich in der Praxis der Achtsamkeitsü-
bungen noch nicht vollkommen bin und dass ich auch noch nicht so voller
Verstehen und Mitgefühl bin, wie ich es gern wäre; deshalb öffne ich mein
Herz und akzeptiere alle spirituellen Nachkommen. Einige meiner Nach-
kommen praktizieren die Achtsamkeitsübungen, Verstehen und Mitgefühl
in einer Weise, die Vertrauen und Respekt verdient; aber es gibt auch solche,
die viele Schwierigkeiten haben und ständig Hochs und Tiefs in ihrer Pra-
xis erleben. Desgleichen akzeptiere ich in meiner Familie alle Vorfahren
mütterlicher- und väterlicherseits. Ich erkenne all ihre guten Eigenschaften
und ihre bedeutenden Leistungen an genau wie ihre Schwächen. Ich öffne
mein Herz und akzeptiere alle meine leiblichen Nachkommen mit ihren
guten Qualitäten, ihren Talenten und auch ihren Schwächen.

Meine spirituellen und meine leiblichen Vorfahren, meine spirituellen
und meine leiblichen Nachkommen – sie alle sind ein Teil von mir. Ich bin
sie und sie sind ich. Ich besitze kein getrenntes Selbst. Alles existiert als Teil
eines wundervollen Lebensstroms, der ständig im Fluss ist.

Die zweite Berührung der Erde

Ich berühre die Erde und verbinde mich mit allen Menschen und allen
Arten von Lebewesen, die in diesem Augenblick auf dieser Welt mit mir
zusammen lebendig sind. Ich fühle mich eins mit dem wundervollen Muster

des Lebens, das ausstrahlt in alle Richtungen. Ich erkenne die enge Verbundenheit zwischen mir und anderen, sehe, wie wir gemeinsam Glück und Leid teilen. Ich bin eins mit denen, die behindert zur Welt gekommen sind oder die im Krieg, durch Unfall oder Krankheit eine Behinderung erlitten haben. Ich bin eins mit denen, die durch Krieg oder Unterdrückung in eine Zwangslage geraten sind. Ich bin eins mit denen, die in ihrem Familienleben unglücklich sind, die ohne Wurzeln sind und keinen Frieden im Geist finden, mit denen, die nach Verständnis und Liebe hungern, die nach etwas Schönem, Heilem und Wahrem suchen, das sie umarmen und an das sie glauben können. Ich bin jemand, der dem Tode nahe und voller Angst ist, der nicht weiß, was geschehen wird. Ich bin ein Kind, das an einem Ort lebt, wo größte Armut, Elend und Krankheit zu Hause sind, dessen Beine und Arme dünn wie Stöckchen sind und das keine Zukunft vor sich hat. Ich bin auch der Bombenfabrikant, der Bomben in die armen Länder verkauft. Ich bin der Frosch, der im Teich schwimmt und auch die Schlange, die sich vom Körper des Frosches ernähren muss. Ich bin die Raupe oder die Ameise, nach der der Vogel Ausschau hält, um sie zu fressen; aber ich bin auch der Vogel, der nach Raupe und Ameise Ausschau hält. Ich bin der Wald, der gefällt wird. Ich bin der Fluss und die Luft, die verschmutzt werden, und ich bin auch der Mensch, der den Wald abholzt und die Flüsse und die Luft verschmutzt. Ich erkenne mich in allen Arten von Wesen, und ich erkenne alle Arten von Wesen in mir.

Die dritte Berührung der Erde

Ich berühre die Erde und lasse die Vorstellung los, ich sei dieser Körper und meine Lebensspanne sei begrenzt. Ich erkenne, dass dieser Körper, der aus den vier Elementen besteht, nicht wirklich ich ist und dass ich nicht durch diesen Körper begrenzt bin. Ich bin Teil eines Lebensstromes von spirituellen und leiblichen Vorfahren, der bereits seit Tausenden von Jahren in die Gegenwart fließt und für weitere Tausende von Jahren in die Zukunft fließen wird. Ich bin eins mit meinen Vorfahren, ich bin eins mit allen Menschen und Arten von Wesen, gleich, ob sie friedlich und furchtlos oder voller Leid und Angst sind. In diesem Augenblick bin ich überall auf der ganzen Welt anwesend, ich bin auch in der Vergangenheit und in der Zukunft anwesend. Die Loslösung vom Körper berührt mich nicht, gerade so, wie das Herabfallen einer Pflaumenblüte nicht das Ende des Pflaumenbaumes bedeutet. Ich sehe mich als Welle auf der Oberfläche des Ozeans, meine Natur ist das Wasser des Ozeans. Ich erkenne mich wieder in allen anderen Wellen, und ich sehe all die anderen Wellen in mir. Das Erscheinen und Verschwinden der Form der Wellen macht dem Ozean nichts aus. Mein Dharmakörper und mein Weisheitsleben sind nicht Geburt und Tod unterworfen. Ich erkenne, dass ich bereits da war, bevor mein Körper sich manifestierte, und dass ich noch da sein werde, nachdem mein Körper sich aufgelöst hat. Selbst in diesem Augenblick erkenne ich, dass ich woanders existiere als nur in diesem Körper. Meine Lebensspanne, wie auch die Lebensspanne eines Blattes oder eines Buddha, ist unbegrenzt. Ich habe die Vorstellung hinter mir gelassen, dass ich ein Körper bin, der in Raum und Zeit losgelöst ist von allen anderen Formen des Lebens.

(Texte aus *Nimm das Leben ganz in deine Arme* von Thich Nhat Hanh)

Diese Meditationstexte und meine Betrachtungen dazu sind Anregungen, die von den Übenden durch Bilder, Gefühle, eigene Erlebnisse und Erfahrungen anzureichern sind. Je tiefer wir in diese Übung eintauchen, umso stärker nähern wir uns dem Verständnis der drei buddhistischen Daseinsmerkmale: der Nicht-Dauer (*anicca*), die ständige Veränderung gemäß der bestehenden Bedingungen, dem Nicht-Ich (*annata*), dem tiefen Verstehen der Verbundenheit, des Verwobenseins und der Durchdringung von allem mit allem. Beide Merkmale sind Teil der relativen beziehungsweise historischen Dimension der Wirklichkeit. Das dritte Merkmal ist *nirvana*, die letztendliche oder transzendente Dimension der Wirklichkeit, welche nicht mehr dem Raum-Zeit-Kontinuum angehört und nach Buddhas Worten völlig frei von Gier, Hass und Verblendung ist.

Die Worte der geführten Meditation berührten mich tief; nach einiger Zeit der Übung verließ ich aber die Textvorgabe und »erschaute« ganz persönliche Bilder und Situationen. Starke Gefühle kamen hinzu, und das Verständnis für den inneren Prozess, den jene drei Vereinigungen in mir auslösten, wurde immer intensiver und bewegender.

Die Erde berührend, verbinde ich mich mit den Vorfahren und Nachkommen meiner geistigen wie auch meiner blutsverwandten Familie.

Allmählich konnte ich immer deutlicher das Zusammenwirken von vergangenen und zukünftigen Lebensformen meines Lebensstromes erkennen, die Wurzeln ausmachen, die mein Da-Sein und ständiges Werden nähren; die Zeitlinie neu entdecken, die Vergangenheit und Zukunft und meinen gegenwärtigen Lebenspunkt verbindet, spirituelle und blutsverwandte Wurzeln mit anderen Augen sehen und akzeptieren. Ich begriff, dass ich Verantwortung trage und Veränderungen (heilsame und unheilsame) nicht nur für mich selbst, sondern auch in allen anderen, vor und nach mir, bewirke.

Ich versuche, ein neues, tiefes Verstehen des ersten der drei Merkmale buddhistischer Welt-an-schauung, der Nicht-Dauer, die ständiges Neu-Werden und permanente Veränderung in sich trägt, als neue Qualität von »Zeit« zu erreichen. Diese doppelte, durch geistige und blutsverwandte Familien geformte Zeitlinie verbindet sich in jedem Lebensmoment mit einer Plattform des »Jetzt«, die mich mit allen Wesen, die gerade auf diesem Planeten, ja im ganzen Kosmos existieren, vereint.

Die Erde berührend, verbinde ich mich mit allen Menschen und allen Wesen, die in diesem Augenblick mit mir in dieser Welt leben.

Dies bewirkt ein Erleben von »Nicht-Ich«, dem zweiten Merkmal. Ich entdecke, wie ich aus »Nicht-Ich-Elementen« bestehend, das wundervolle Muster des Lebens in all seinen Manifestationen berühre, ja mit ihnen verwoben und auf eine Weise verbunden bin, dass ich mich im anderen und den anderen in mir zu schauen und zu empfinden vermag, so dass ich ergriffen erkenne, wie sehr alles in mir existiert und ich wiederum in allem lebendig bin.

Diese Erkenntnis des Nicht-Ich ist kein konzeptioneller, begrifflicher oder philosophischer Erkenntnisprozess, sondern für mich zutiefst bewegende Lebenswirklichkeit. Sie ist der Versuch zu wagen, mich jenem dritten Merkmal des Buddha-Dharma, *nirvana*, der transzendenten Dimension unserer Wirklichkeit, die untrennbar mit dem relativen Bereich der gleichen Wirklichkeit, (unserem Alltag) verbunden ist, anzunähern.

Diese letztendliche Dimension umschließt die vertikale »Zeitlinie« und horizontale »Jetzt-Plattform« wie eine transparente, strahlende, alles durchdringende Kugel, wenn ich die dritte Erdberührung beginne.

Die Erde berührend, lasse ich meine Vorstellung los, dass ich dieser Körper bin und dass meine Lebenszeit begrenzt ist.

Ich erfahre mich als Welle und entdecke das Wasser in mir; erspüre auch, wie das Einssein mit dem Lebensstrom Vergangenheit und Zukunft im »Jetzt« verbindet; ein Einssein, das erlebbar wird durch die unendlich vielen »Nicht-Ich-Elemente«, die mich mit allen Erscheinungen auf dieser Erde und darüber hinaus (der Sonne, dem Himmel, der ganzen Natur) verbinden.

Das Vertrauen wächst, dass meine Natur aus unzerstörbarem Leben besteht, welches die Kraft ständiger Verwandlung in sich birgt. Ihr vermag ich durch eigenes Bemühen eine Richtung zu geben, so dass das Potential der Buddhaschaft geweckt, gestärkt und allmählich zur vollen Reife gebracht werden kann. Dies geschieht durch ständiges Weitergehen auf dem Weg des Bodhisattvas mit einem heiteren, furchtlosen Herzen, das erkennt:

Jetzt endlich bin ich in meinem wahren Zuhause angekommen, ich verweile völlig im jetzigen Augenblick, berühre mein wunderbares Leben, bin stabil, gefestigt, frei von Belastungen aus der Vergangenheit und Sorgen wegen der Zukunft. Ich verweile in Gelassenheit, in großer, tiefer Freude, in der letztendlichen, Raum und Zeit überschreitenden Dimension der Wirklichkeit.

Sechster Schritt:
Lieben und heilen

Durch tiefes Verstehen
wollen wir besser lieben lernen.
Dem anderen Menschen Raum geben
zum Wachsen und Reifen.
Den Schmerz in uns berühren,
viele Knoten und alte Verletzungen allmählich auflösen,
das »geistige Immunsystem« stärken,
den Gegensatz von Anspruch und Wirklichkeit erkennen
und die inneren Kämpfe beenden.

Die Maitri-Meditation

Maitri (*metta*) kann mit Liebe, liebender Güte, liebevoller Zuwendung oder Freundschaft zu uns selbst und anderen umschrieben werden. Maitri hat seine Wurzeln im Wort *mitra*, Freund, und ist das direkte Gegenmittel für Groll, Hass und Wut. Buddha Shakyamuni hat verkündet, dass der zukünftige Buddha Maitreya heißen wird, der Buddha der Liebe. Ihm ist der siebte Schritt unserer Übungsfolge gewidmet.

Die Übung der Maitri-Meditation wird unser Potential zu lieben stärken. Aussage für Aussage gehen wir durch den Text und lassen ihn dadurch zu einer inneren Wirklichkeit werden, indem wir die Wünsche auf eine konkrete Person beziehen.

Zuerst wenden wir diese Meditationsübung auf uns selbst an, um uns in unserem »So-Sein« annehmen zu lernen. Dann richten wir unsere konzentrierte Aufmerksamkeit auf einen Menschen, den wir lieben, danach auf eine Person, der wir neutral begegnet sind und in einer vierten Übung auf einen Menschen, den wir ablehnen, der uns Schwierigkeiten bereitet.

Auch und gerade dann, wenn wir diese neun meditativen Schritte und die Aussagen »Möge ich ... oder möge er oder sie« auf einen Menschen richten, den wir lieben oder auf jemanden, der uns große Schwierigkeit und Probleme bereitet, sollten dies nicht fromme Wünsche oder eine intellektuelle Betrachtung bleiben. Sie sollten unsere tiefe Absicht bekunden, diese Fähigkeit und Geisteszustände zu erlernen, zu üben und dies auch den anderen Personen, die im Zentrum unserer Meditation stehen, aus tiefstem Herzen zu wünschen.

Während wir meditieren, strahlen wir die Energie der Achtsamkeit wie helles Licht auf das Objekt unserer Meditation aus. Dies ist tiefes Schauen. Die Entfaltung von Maitri beginnt zuerst in Gedanken, dann als innere Haltung unter Einbeziehung der Gefühle und Empfindungen und setzt sich schließlich als reines Sein, ohne zwischen Ich und Du, Freund und Feind zu unterscheiden, fort.

So lernen wir, das Objekt unserer Meditation immer besser zu verstehen. Dann wird Maitri unsere Gedanken, Worte und Taten stärker durchdringen und Buddha Maitreya, der große Liebende und zukünftige Buddha in uns lebendige Wirklichkeit werden.

Wenn wir tief in diese Meditationspraxis eintauchen, uns die jeweilige Person bildhaft und lebendig vorzustellen vermögen und uns tief mit ihr verbinden, wird möglicherweise das Gedicht »Beziehung« von Thich Nhat Hanh erlebbare Wirklichkeit.

Du bist ich und ich bin Du,
zeigt sich nicht deutlich, dass wir miteinander verbunden,
*   ineinander verwoben sind ?*
Du hegst die Blume in Dir, damit ich schön werde.
Ich verwandle den Unrat in mir, damit Du nicht leiden musst.
Ich unterstütze Dich; Du unterstützt mich.
Ich bin auf der Welt, um Dir Frieden zu schenken;
Du bist auf der Welt, um mir Freude zu sein.

Die neun Schritte der Maitri-Meditation

Möge ich friedvoll, glücklich und gelöst sein in Körper und Geist.

Möge ich frei sein von Verletzung und Kränkung.

Möge ich frei sein von Wut, Verstrickung, Furcht und Ängstlichkeit.

Möge ich lernen, mich selbst mit den Augen der Liebe und des Verstehens zu betrachten.

Möge ich fähig sein, die Samen der Freude und des Glücks in mir zu erkennen und zu berühren.

Möge ich lernen, die Natur von Ärger, Verlangen und falschen Wahrnehmungen in mir festzustellen und zu erkennen.

Möge ich lernen, wie ich die Samen der Freude täglich in mir nähren kann.

Möge ich fähig sein, frisch, gefestigt und frei zu leben.

Möge ich weder in den Zustand der Gleichgültigkeit verfallen, noch gefangen sein in Anhaftung und Ablehnung.

Siebter Schritt:

Verwandeln und transformieren

Die Merkmale unseres Da-Seins werden erkannt.
Die Unbeständigkeit oder Nicht-Dauer (*anicca*),
die Substanz- oder Ich-Losigkeit (*anatta*)
und die letztgültige Dimension dieser Wirklichkeit (*nirvana*)
sowie das Verbunden- und Verwobensein
von allen, mit allem.
Aus Konzepten und Ideen
werden Einsichten und Erfahrungen,
die unseren Alltag verändern
und unseren Weg
hin zum ganzen, erwachten, freien Menschen
ermöglichen.

In Kontakt mit Maitreya sein

Eine zeitlose Gestalt, die unsere Einsicht und Verwandlung auf besonders nachhaltige Weise fördert, ist Maitreya, der große Liebende, das leuchtende Symbol für ein sich immer erneuerndes, strahlendes Licht des Dharma, also der buddhistischen Lehre.

Maitreya symbolisiert wie alle Buddhas und Boddhisattvas zugleich Kräfte und Energien in jedem von uns. Nach einer Beschreibung dieser Gestalt schließt sich die letzte Meditationsübung dieses Buches an. Sie kann wertvolle und heilsame Samen in unserem Speicherbewusstsein bewässern und wiederbeleben.

Maitreya, der große Liebende, wurde vor mehr als zweieinhalbtausend Jahren von Buddha Shakyamuni als der nächste Buddha dieses Weltzeitalters angekündigt, als ein vollerwachter Mensch, der das Rad des Dharma erneut in Bewegung setzen wird.

In einer seiner Lehrreden, dem *cakkavatti-sihanada-sutta* (26. Rede *digha nikaya*) hat der Buddha unserer Zeit mit dem Hinweis auf Maitreya (Pali: *metteya*) verdeutlicht, dass der Buddha-Dharma eine in die Zukunft weisende, alle künftigen Entwicklungen einschließende, sich den jeweiligen zeit-, kultur- oder ortsbedingten Verhältnissen anpassende, mächtige geistige Kraft ist. Es ist eine Lehre, die sich, weil dogmen- und glaubensfrei, immer wieder erneuert. Zugleich ist sie ein Pfad zur Befreiung des Menschen von Leiden, Begrenzungen, Unvollkommenheiten und falschem Ich-Wahn.

Dieser Weg kann ausschließlich durch eigenes Bemühen gegangen werden. Es ist ein Weg gerade für den Beginn des 21. Jahrhunderts, mit Nöten und Problembergen sowohl der individuellen menschlichen Situation (Gier, Aggression, Eifersucht, Einsamkeit, Hunger nach Akzeptanz und Liebe) als auch der universellen Lage (Umweltverschmutzung, Ozonloch, Atom- und Rüstungsindustrie, Elend durch Kriege, Not von Flüchtlingen, Asylanten und hungernden Kindern). Er macht ein umfassendes Angebot, das nachvollziehbare und nachprüfbare Elemente zu mehr Freude, tiefem inneren Frieden und grenzenlosem Frei-Raum enthält und so zu mehr Verstehen, Mitgefühl und Liebe führt.

Maitreya ist der lebendige Beweis, dass Buddhaschaft und vollkommene Erleuchtung immer wieder neu aufleuchten, keine einmaligen Vorgänge in der Menschheitsgeschichte waren, und dass *nirvana* (die transzendente Dimension) wie auch *samsara* (die relative Dimension) zwei Bereiche der gleichen Wirklichkeit sind. Dies bedeutet, dass der transzendente Teil der Wirklichkeit, ausgestattet mit der nirwanischen Qualität, nämlich der Aufhebung des Wunsches, Erwerben (Gier) oder Ablehnen (Hass) zu müssen, und das Erkennen sowie Ablegen des Ich-Wahns (Unwissenheit) jederzeit und von jedermann berührt werden können. Voraussetzung ist, dass die erforderlichen Bedingungen dafür geschaffen worden sind. Dies geschieht durch kontinuierliche Bemühung, den Weg des Edlen Achtfachen Pfades zu beschreiten, so wie ihn der Buddha als vierte edle Wahrheit lehrte und uns darauf beispielhaft vorausging.

Der Pfad umfasst: den Bereich der Weisheit und des tiefen Verstehens (*Vollkommene Anschauung und Vollkommenes Denken*), das selbst erkannte und gewählte ethische Verhalten (*Vollkommene Rede, Vollkommenes Handeln, Vollkommener Lebenserwerb*) und den Bereich der Meditation (*Vollkommene Anstrengung, Vollkommene Achtsamkeit und Vollkommene Sammlung).*

Diesen Weg hat der Buddha empfohlen, um die leidhaften, unvollkommenen, eingrenzenden und bedingten Bereiche unserer Existenz (*dukkha*) in heilsame zu verwandeln.

Maitreya verbindet alle buddhistischen Traditionen und Lehrrichtungen in der Gewissheit um die Kontinuität erleuchteter Weltenlehrer. Das Bodhisattva-Ideal, allen Wesen aus tiefem Mitgefühl zu helfen und den Weg zur Befreiung zu weisen, sowie das in ihnen unverlierbar vorhandene Erleuchtungspotenzial freizusetzen wird in eindrucksvoller Weise durch Maitreya verkörpert. Er ist somit auch eine Brücke, die, über alle buddhistischen Schulen und Traditionen hinweg, das Essentielle aller buddhistischen Wege mit dem Hier und Jetzt verbindet sowie zum Strom der Erfahrungen und Erkenntnisse, der in Vergangenheit und Zukunft reicht, hinführt.

Maitreya ist für mich eine strahlende Gestalt, die verdeutlicht, dass Erleuchtung zu jedem Zeitpunkt und unter den verschiedensten Bedingungen möglich ist und geschieht. Diese tiefe, den Menschen in seiner Ganzheit verwandelnde Erfahrung ist nicht nur ein Ergebnis der Vergangenheit, sondern ein Geschehen, das sich in jedem gegenwärtigen und zukünftigen Moment vollziehen kann.

Maitreya steht für den dynamischen Prozess und die immerwährende, von vielen Lehrern bewirkte Neugeburt des Dharma. Er gibt uns eine Möglichkeit, unabhängig von Zeit und räumlichen Gegebenheiten den Weg, den ein Erleuchteter, vollkommen Erwachter gegangen ist, durch tiefes Berühren der letztendlichen Dimension der Wirklichkeit ebenfalls zu gehen.

Weites, unvoreingenommenes Offensein, liebevollste Zuwendung zu allem, was existiert, und in wahrem, inneren Frieden mit sich selbst zu sein, sind unverzichtbare Voraussetzungen in diesem stets sich wandelnden Prozess des Werdens und der Veränderung.

Erleuchtung ist ein kontinuierliches Geschehen, nichts Absolutes oder Abgeschlossenes. *Bodhicitta*, das Erleuchtungspotential in jedem Wesen ist unzerstörbar und als gewaltige, verwandelnde Kraft lebendig. Die Kultur unseres Herzens zu fördern; durch liebevolle Zuwendung (*maitri*), tiefes Mitempfinden (*karuna*), ständig erneuerte Freude und Mitfreude (*mudita*) sowie parteiloses Akzeptieren und mehr Freiheit durch Loslassen (*upeksha*), bringt uns Maitreya näher.

Es ist jene »Nahrung des Herzens«, die ihn zu vergegenwärtigen vermag.

So wie Shakyamuni das Rad der Lehre erneut in Bewegung setzte und das Dharma bis heute keinen Glanz verloren hat, so bewegt dieses auch Maitreya aus der zukünftigen Dimension zu einem schon im Heute wirkenden Teil des Geistesstromes. Ebenso sind für Vor-, aber auch Nachfahren in der meditativen Vergegenwärtigung durch unsere beständige Übung heilsame und unheilsame Veränderungen möglich.

Maitreya wird in dem Maße lebendig, in dem wir in unserem Herzen und Geist jene liebevolle, friedliche und verstehende Haltung entstehen lassen, nähren und fördern, die uns allmählich zu einem ganzen, einem freien und vollendeten Menschen werden lässt, der sein Bodhicitta Schritt für Schritt verfügbarer macht, zum Strahlen bringt und die wahre Natur seines Wesens erkennt.

Für diesen Weg ist die Gemeinschaft von Freunden, die sich ebenfalls aufgemacht haben »zu gehen, um zu gehen und nicht, um anzukommen« (die Sangha), von größter Bedeutung. Ich bin überzeugt davon, dass Maitreya sich durchaus als eine Sangha manifestieren könnte, denn Maitreya wird in dem Maße Realität, in dem er in vielen von uns lebendig wird. Auch er setzt sich aus »Nicht-Maitreya-Elementen« zusammen; ist also nicht jemand, der von sich aus entsteht, sondern Ausdruck des Verlangens einer Zeit – des Zeitgeistes – wie alle Großen dieser Welt.

Es ist ein wundervoller Gedanke, dass wir gemeinsam in unserem stetigen, entschlossenen Bemühen Maitreya allmählich als wirkende Wirklichkeit in dieser Welt sichtbar werden lassen. Nach buddhistischer Auffassung ist Wirklichkeit nicht identisch mit der so genannten Realität, sondern entsteht durch alle Phänomene, die von innen oder außen auf uns wirken. Wie sagte doch Buddha: »In diesem sechs Fuß hohen Leib ist die ganze Welt, ihr Entstehen und Vergehen, das Leiden und das Leidensende enthalten.«

Eine starke Energie, um Maitreya zur Entfaltung zu bringen, ist das Ideal der Bodhisattvaschaft mit den sechs *paramitas* (Mitteln, die zum »anderen Ufer« führen), die Shakyamuni in der Mythologie auf Bitte Maitreyas erläuterte und die eine bedeutende Richtschnur in unserem Leben sein können.

Maitreya ist einer der unzähligen Bodhisattvas, die nicht von der Welt gefangen sind, sie aber dennoch nicht aufgeben. Er ist also gleich uns ein Werdender und Gegenwärtiger. Je mehr es uns gelingt, mit ihm zu verwachsen, zu reifen, ihn in unserem Herzen lebendig werden zu lassen, wird Maitreya zum Abbild unseres Tiefenbewusstseins und wir werden erkennen, wie wir auch in Europa zeitgemäße und doch vom Dharma erfüllte, authentische Formen entwickeln können, die unser gesamtes gesellschaftliches Umfeld zu durchdringen vermögen, ohne dass eiferndes Missionieren stattfindet. Alte europäische Wurzeln können von der zeitlosen, kraftvollen und befreienden Lehre des Erhabenen genährt werden.

Der Kontakt mit Maitreya in uns wird hilfreich sein, zunächst unsere Schutz- später dann unsere Kerkermauern einzureißen, die wie fünf Ringe unser Herz einengen: Das Selbstmitleid, die Rastlosigkeit und Unruhe, das durch Ängste genährte Aggressionspotential, Neid und Gier, selbstgerechter Hochmut und Gleichgültigkeit. Wir können sie verwandeln in die vier göttlichen Verweilungen (*brahmaviharas*) oder die »Grenzenlosen Geisteszustände«, um die drei Tore der Befreiung allmählich zu durchschreiten: Das Tor der Wunschlosigkeit, der Zeichenlosigkeit und Substanzlosigkeit.

Die Maitreya-Meditationsübung

Wir stellen Kontakt zu unserem Atem her und nehmen die im dritten Schritt beschriebene Haltung des »HALLO« ein. Nach einigen Minuten vergegenwärtigen wir uns die Qualität »unseres« Maitreya und lassen ihn in noch weiter Entfernung in einem tiefblau leuchtenden Nachthimmel, als golden-strahlenden Lichtpunkt erscheinen, der allmählich Gestalt annimmt.

Maitreya sitzt in der Meditationshaltung oder ist gerade dabei, von seinem Lotussitz aufzustehen, um in die Welt zu gehen, erfüllt von Mitgefühl und Liebe, den leidenden Wesen beizustehen und den Dharma neu darzulegen. Er ist mit einer goldenen Robe bekleidet, oft auch mit einer fünfzackigen Krone (die Symbolisierung der fünf Daseinsgruppen aus denen sich jeder Mensch zusammensetzt), sowie mit Hals und Armketten fürstlich geschmückt. Seine Handhaltung ist die *mudra* der Drehung des Rades (*dharmachakra-mudra*). Beide Hände sind vor der Brust erhoben, die Rechte etwas höher als die Linke. Es scheint, als ob sie das Rad der Lehre drehten, denn die rechte Hand zeigt mit der Handfläche zum Körper, die Linke vom Körper weg. Daumen und Zeigefinger berühren sich, so dass sie je einen Kreis bilden. Ein liebevolles Lächeln liegt auf seinem Antlitz. Allmählich kommt Maitreya näher. Er schwebt sanft und leicht durch den nächtlichen Himmel. Von seiner Gestalt geht ein goldenes, sehr lebendiges Licht aus. Wir erwarten den »Großen Liebenden« bis er vor uns in Augenhöhe ist und verbinden uns mit ihm, indem ein

Lichtstrahl von seinem Herzen unser Herz berührt und unsere Energie der Liebe und Achtsamkeit sich mit der seinen verbindet. Diese geistig-energetische Verbindung halten wir eine gewisse Zeit (je nach Intensität unserer Konzentrationsfähigkeit) aufrecht und können dabei das Mantra des Maitreya leise oder auch laut und deutlich aussprechen.

OM MAITRI MAITRI MAHA MAITRI APARAMITAYUR MAITRI MAITRI TATHAGATAYE SVAHA

Das Mantra bedeutet in deutsche Sprache übersetzt in etwa :
OM (der Laut des vollkommenen Kosmos) Liebe, Liebe, große Liebe, Liebe, die alles durchdringt, Liebe des tathagata (der So-Gekommene, Vollendete) leuchte auf!

Wenn unsere Konzentration nachlässt, entlassen wir die Gestalt des Maitreya, sie schwebt wieder zurück in den blauen Nachthimmel, um sich allmählich im Universum aufzulösen, bis wir sie ein anderes Mal wieder als Manifestation in unserem Geist entstehen lassen. Den Energiestrahl unserer Liebe verankern wir in unserem eigenen Herzen.

Nach einigen Minuten bewussten Ein- und Ausatmens, ganz gegenwärtig, die geistige Begegnung mit Maitreya in unserer Übung dankbar nachspürend, beenden wir die Meditation.

Vor Jahren habe ich das Fest des Maitreya im Dezember im Buddhistischen Kreis Stuttgart eingeführt. Es wurde von anderen

Gemeinschaften in Süddeutschland übernommen, so auch von unserer Sangha in München – und soll ein Tag der Praxis und Freude sein, Freude über die Tatsache, dass uns auch in der dunkelsten Zeit des Jahres immer wieder das Licht der Befreiung, des Erwachens aufleuchtet, wenn wir es zulassen.

In der Adventszeit wird dann für uns besonders deutlich: »Ich bin angekommen«, auf Grund der Erkenntnis, dass Maitreya durch unser eigenes Bemühen in Erscheinung tritt und unser Leben den Sinn und die Qualität erhält, die wir ihm durch kontinuierliche Übung, Vertrauen in die drei Juwelen und tieferes Verstehen selbst zu geben bereit und in der Lage sind.

Und weitergehen:
Auf achtsame Weise unseren Alltag leben

In unserem ganz persönlichen Umfeld stehen uns viele Hilfsmittel für ein achtsames Leben zur Verfügung. Sie helfen uns, immer wieder in den gegenwärtigen Augenblick zurückzukehren und unser Leben bewusst zu berühren. In der Praxis der Übungszentren begleiten uns deshalb über den ganzen Tag hinweg die buddhistischen Klangschalen, und viele kleine und große wohltönende Glocken werden eingesetzt.

Vielleicht können wir die angebotenen Instrumente, ob akustische oder andere, mit unseren eigenen Erfahrungen ergänzen, immer neue, inspirierende und unseren Alltag bereichernde Elemente hinzufügen, damit wir die Kunst des achtsamen Lebens besser erlernen.

Die Glocke der Achtsamkeit

Die Achtsamkeitsglocke ist die Stimme Buddhas, die uns zu uns selbst zurückruft. Wenn wir sie hören, atmen wir sehr bewusst drei bis vier Mal und kehren in das »Hier und Jetzt« zurück.

Höre, höre!
Dieser wunderbare Klang
bringt mich zurück
zu meinem wahren Selbst.

Wir hören wieder den Wind, den Gesang der Vögel und alle Alltagsgeräusche, sehen Farben und Formen intensiver, lassen uns neu mit einer friedvolleren und entspannteren Haltung auf die jeweilige Situation ein. Auch Kirchenglocken, Polizeisirenen und viele andere Geräusche wie zum Beispiel das Telefonläuten, die unsere Aufmerksamkeit erregen, können wir zur Glocke der Achtsamkeit erklären.

Eine Uhr auf meinem Schreibtisch erinnert mich alle Viertelstunden mit Glockentönen daran, zum bewussten Atmen zurückzukehren. Das Telefon dreimal läuten lassen gehört zu meiner sehr wirkungsvollen Übung. Ich atme in dieser Zeit, um dann achtsam und freundlich mit meinem Gesprächspartner (ob Freund oder unangenehmer Zeitgenosse) in Kontakt zu treten. Lächelnd und entspannt den Hörer abzunehmen ist eine wunderbare Übung, jederzeit gut bei sich zu bleiben.

Gerade während schwieriger Situationen im familiären, beruflichen oder gesellschaftlichen Umfeld hat sich die Glocke der Achtsamkeit, das »Zu-sich-nach-Hause-gehen« und bewusst Atmen ausserordentlich bewährt. So oft wie möglich bei sich zu Hause und nicht »außer sich« zu sein ist das Ergebnis dieser Praxis. Sie ermöglicht uns, die achtsame Präsenz weitgehend zu bewahren.

Merksprüche (Gathas)

Eine ganze Reihe von Gathas können uns durch den Tag begleiten.

Wir können sie aufschreiben, vielleicht auf kleine selbstklebende Zettel, und z. B. am Nachttisch, Telefon, Autolenkrad und am Spiegel im Bad anbringen, damit sie uns immer wieder daran erinnern, zu unserer Achtsamkeit zurückzukehren und vollkommen im gegenwärtigen Augenblick zu leben.

Ich habe diese Praxis mehrere Wochen geübt, um mich ständig daran zu erinnern, die Energie der Achtsamkeit durch den Tag zu nehmen. Einige Beispiele mögen anregen, solche Merksätze in den Tagesablauf einzubauen. Es macht durchaus Spaß, kreativ und fantasievoll eigene Gathas zu erfinden, damit sie uns ständig und sehr willkommen den Tagesablauf bewusster erleben helfen.

Zum Beginn des Tages

Aufwachen
Ich wache auf und lächle.
24 nagelneue Stunden liegen vor mir.
Ich will jeden Augenblick des Tages vollkommen bewusst leben und alle Lebewesen mit Liebe und Mitgefühl betrachten.

Händewaschen
Wasser fließt über meine Hände.

Möge ich es weise benutzen, damit uns die Lebenskraft unseres blauen Planeten erhalten bleibt.

Ankleiden
Ich ziehe diese Kleider an und danke jenen, die sie unter viel Mühen hergestellt haben. Ich wünsche, dass jeder genügend Kleidung hätte.

Zur Meditation

Gelassen sitze ich auf meinem Kissen,
mein Körper und Geist sind erfüllt von Achtsamkeit,
ich bin frei von allen Zerstreuungen.

Die Haltung verändern
Gefühle kommen und gehen
wie Wolken am Himmel an einem windigen Tag.
Bewusstes Atmen und die Energie der Achtsamkeit sind mein Anker.

Dem Atem folgen
Ich atme ein und entspanne meinen Körper.
Ich atme aus und lächle ihm zu.
Ich bin ganz im Hier und Jetzt und weiß,
dieser Moment, mein Leben berührend, ist ein wunderbarer Augenblick.

Bei Alltagstätigkeiten

Autofahren

Dieses Auto ist ein wichtiges Werkzeug, um mich rasch an andere Orte zu bringen. Ich will achtsam und rücksichtsvoll reisen, um mein Leben und das anderer Wesen zu schützen.

Fernsehen

Unser Geist ist ein Fernsehgerät mit unzähligen Kanälen.
Ich wähle einen Kanal, der positive Samen in mir nährt,
im Wissen, dass wir das werden, wohin der Geist sich neigt.

Telefonieren

Worte können Tausende von Kilometern reisen.
Möge mein Gespräch gegenseitiges Verstehen und liebevolle Zuwendung bewirken.

Die Gehmeditation

Dies ist eine der schönsten Meditationsübungen. Täglich nur wenige Minuten bewusstes »Gehen, um zu gehen, nicht um anzukommen«, ob auf dem Bahnhof, der Bushaltestelle, vom Büro nach Hause oder im eigenen Garten lassen uns gelassener und friedvoller werden. Unser Geist wird freier und klarer; ein Strom ruhiger und doch kraftvoller Energie entsteht in uns. Besonders, wenn wir ärgerlich, nervös, zu erregt sind und die Meditation auf dem Kissen sehr schwierig wird, ist diese Übung von großem Wert.

Die ganze Mitwelt bietet uns belebende Frische als Nahrung an, wenn wir friedvoll als ein freier Mensch, im Hier und Jetzt verweilend, mit allem, was uns umgibt, verbunden sind. Wir sollten während des Gehens von Zeit zu Zeit anhalten, um sehr bewusst den Himmel, die Wolken, die Landschaft, Menschen, Tiere und Pflanzen wahrzunehmen und uns mit ihnen zu verbinden. Auch in Konfliktsituationen hat sich gemeinsames Gehen mit Personen, die uns oder denen wir Probleme bereiten und bei diesem Gehen den Atem mit der Bewegung zu koordinieren, bewährt.

Gehmeditation ist wie die Übung im Sitzen heilend, klärt den Geist und dient der Läuterung und Transformation.

»Unser Geist kann in tausend Richtungen gehen.
Aber auf diesem wunderschönen Weg geh ich in Frieden.
Bei jedem Schritt weht eine sanfte Brise.
Bei jedem Schritt erblüht eine Blume.«

Achtsam und schweigend essen

Nach den fünf Betrachtungen, dem unten aufgeführten Tischspruch, pflege ich mit Dankbarkeit auf achtsame Weise, die Gegenwart der anderen am Tisch genießend, einige Minuten schweigend und bewusst zu essen. Dies gibt der Mahlzeit im Familien- und Freundeskreis, in der spirituellen Gemeinschaft, aber auch im beruflichen Umfeld eine ganz neue Qualität. Es ist wohltuend und gleichermaßen gesund, gut zu kauen, unser Essen wirklich wahrzunehmen und keine Sorgen, Probleme und Gedanken mit zu essen. Bewusstes achtsames Essen vertieft auch die Einsicht, was wir an Nahrung für unseren Körper und Geist zu uns nehmen, dies hat zur Folge, das wir beispielsweise Alkohol- oder Fleischkonsum aus eigener Einsicht reduzieren und eines Tages durch tiefes Hinschauen ohne große Verzichtshaltung ablegen können.

Diese Nahrung ist ein Geschenk des ganzen Universums, der Erde, des Himmels und von viel Liebe und Mühe.
Mögen wir dieses Geschenk in Achtsamkeit und Dankbarkeit empfangen.
Mögen wir unsere unzulänglichen Geisteszustände umwandeln und genügsam im Essen sein.
Mögen wir nur solche Nahrungsmittel zu uns nehmen, die uns nähren und nicht schädigen.
Wir nehmen diese Nahrung an, so dass wir den Pfad des Verstehens und der Liebe verwirklichen können.

Freude entdecken und notieren

Ich führe ein »Büchlein der Freude«, in dem ich alle, auch ganz kleine Alltagsfreuden, beginnend am Morgen mit der Feststellung »Es ist schön, dass es mich gibt und ich am Leben bin« vermerke. Viele meiner Freunde in der Münchner Sangha führen solche Hefte und uns allen helfen diese Aufzeichnungen sehr dabei, bewusster die Freuden des Alltags zu genießen und uns daran auch in schwierigen, scheinbar freudlosen Zeiten zu erinnern. Diese Hefte können dann helfen, frühere Freuden erneut zu vergegenwärtigen, die Samen der Freude in uns zu kultivieren und neue zu pflanzen, damit alle kräftig und lebendig unseren Alltag bereichern.

Sich Freude bewusst zu machen ist die beste Nahrung für unser Wohlbefinden und unsere Stabilität. Freude und Mitfreude sind eine der vier Qualitäten unserer »Kultur des Herzens«. Eine solche Haltung ist nicht nur die Grundlage für unsere heitere Gelassenheit, sondern auch ein Geschenk für alle Menschen, die mit uns in Kontakt kommen.

Konfliktstrategien entwickeln

Auf familiärer, beruflicher und gesellschaftlicher Ebene habe ich diese Konfliktstrategien immer wieder mit großer Dankbarkeit und erfreutem Staunen über ihre Wirkung praktiziert. Wir haben verschiedene Möglichkeiten auf Anregung von Thich Nhat Hanh und der Gemeinschaft erprobt und ihre heilsamen Wirkungen erfahren. Eine davon, den »Neuanfang« (*beginning anew*) möchte ich in diesem Buch vorstellen. Wir erreichen mit dieser Übung, dass aus Knoten keine »Knödel« und später Bomben werden, die zwischen mir und Familienmitgliedern, Freunden oder anderen Menschen viel Leid, Missverständnisse und Wut auslösen können.

Auf rechte Weise miteinander zu kommunizieren, achtsam, hilfreich, sowohl Freude wie Hoffnung fördernd reden zu lernen, ist eine der fünf Übungen der Achtsamkeit. Gerade wenn Verärgerung oder gar Aggression, Verletzungen, echte oder vermeintliche Missverständnisse und Misstrauen sich manifestieren, hilft diese Übung oft sehr.

Das *beginning anew* besitzt eine sehr alte und bewährte Tradition. Diese Methode ermöglicht, Schwierigkeiten mit anderen auf verständnisvolle Weise zu lösen oder auch unsere Anerkennung und Freude über das Wirken anderer auszudrücken. Sie kann in der Familie, im Freundeskreis oder auch in einem Team, das beruflich zusammenarbeitet, praktiziert werden.

Es wird dafür ein geeigneter Zeitpunkt in Abständen von zwei oder drei Wochen festgelegt, wobei natürlich die Zustimmung aller Beteiligten für die Durchführung dieser Übung erforderlich ist.

Die Teilnehmer am *beginning anew* sitzen im Kreis. In der Mitte steht eine Blume und manchmal auch eine Kerze. Alle atmen sehr bewusst und schweigend ein paar Minuten und können auch mit der Blume in Beziehung treten. Sie hilft uns. Danach nimmt einer der Beteiligten die Blume in die Hand, um achtsam seine Gedanken und vor allem Gefühle mit den anderen zu teilen.

Er wird versuchen, nicht ärgerlich und aufgeregt zu sein, deshalb ist vorheriges Atmen, bis sich die Energie der Achtsamkeit eingestellt hat, so wichtig. Dann erst beginnt die Person zu sprechen. Alle anderen im Kreis werden ihm, bis er die Blume wieder zurückstellt, mit voller Aufmerksamkeit zuhören, ihn nicht unterbrechen und dem eigenen Atem folgen. Nachdem sich ein Teilnehmer (A) geäußert hat, kann ein anderer (B) die Blume und somit das Wort ergreifen.

Jedoch nicht um sich zu verteidigen, wenn A ihm von Verletzungen oder Ärger, den der andere ihm bereitet hat, berichtete. B kann nur entweder sein Bedauern ausdrücken und sich entschuldigen oder die Argumente und damit die Sicht von B bis zum nächsten *beginning anew* erwägen beziehungsweise frühestens nach 24 Stunden mit einem Dritten, der ein erfahrener Freund, Kollege oder ein Familienmitglied sein sollte, eine Aussprache mit A vereinbaren. Wichtig ist, sich nicht von Emotionen wegtragen zu lassen. Dafür kann es hilfreich sein, eine Hand auf den Bauch zu legen und das Ein- und Ausatmen zu beobachten.

Die jeweilige Rede beim *beginning anew* sollte aus drei Stufen aufgebaut sein:

Wir beginnen mit dem »Blumen wässern«, das heißt, die Qualität und positiven Eigenschaften des Anderen hervorheben, ihm dafür danken, die Freude über seine Rede, seine Haltung oder sein Tun ausdrücken.

Dann werden wir das Bedauern über eigenes unachtsames Verhalten zum Ausdruck bringen, z. B. »es tut mir leid, dass ich meine letzte Verabredung einfach vergessen habe« oder »ich bedauere, dass ich Dich bei unserem letzten Gespräch dauernd unterbrochen habe«.

Erst auf der dritten Stufe wollen wir mitteilen, dass und warum wir leiden; dass mich jemand aus dem Kreis verletzt hat und nun Ärger und Wut in meinem Herzen wohnen. Ich kann den anderen »mitteilen«, wie ich mich fühle. Dann helfen die anwesenden Menschen im Kreis mir, das Gefühl zu verstehen und können es nun wiederum »mit mir teilen«. Dies gilt auch für tiefe Einsichten und Erkenntnisse die mir Probleme bereiten. Auch hierin könnten mich die Teilnehmer unterstützen, diese Vorgänge klarer zu sehen und einzuordnen.

Die fünf Übungen der Achtsamkeit

Diese Übungen geben unserem Alltagsleben Sicherheit und dienen unserem Selbstschutz und unserer Selbstheilung. Die Aspekte, um die wir uns aus eigener Einsicht und Überzeugung ständig bemühen, die wir regelmäßig rezitieren und hinterfragen, sind Wegmarken und Wegweiser für unser, aus eigener Einsicht und Überzeugung selbstgewähltes ethisches Verhalten. Identisch mit den fünf Silas, die der Buddha gelehrt hat, sind sie die Basis unserer Alltagspraxis und vermeiden die ständige, oft subtile Vergiftung des Bewusstseins – meist in kleinen kaum bemerkbaren Dosen – durch innere und äußere Einflüsse. Dies können die Medien sein, Gespräche, manche Literatur, negative Gedanken, Wünsche, oft durch tiefenpsychologisch geschickt angelegte Werbung erst hervorgerufen. Häufig sind es unsere eigenen falschen Vorstellungen. Sie entstehen durch eingefahrene Verhaltensmuster und Gewohnheitsenergien, Unachtsamkeit, Zerstreutheit und verwirrte Geisteszustände. Besonders die bewusste Rede und rechte Kommunikation sowie ein maßvolles Leben durch achtsames Konsumieren ist für mich eine intensive Praxis und bleibt eine ständige Herausforderung.

Es sei betont, dass diese Übungen weder Gebote noch Vorschriften, weder Richtlinien noch Reglementierungen sind. Sie bleiben immer Übungen, deren heilsame Wirkung wir für uns und andere im Alltag »testen« und überprüfen können. Bei diesen Übungen der Achtsamkeit geht es darum, unserem Leben eine selbstgewählte

Richtung zu geben und allmählich zu erfahren, wie sich unsere einge-
fahrenen Verhaltensmuster und starken Gewohnheitsenergien durch
die Anwendung der Achtsamkeitsübungen im Alltag verändern.

Erstens: Achtung vor dem Leben

Im Bewusstsein des Leides, das durch die Zerstörung von Leben entsteht, gelobe ich, Mitgefühl zu entwickeln und Wege zu lernen, das
Leben von Menschen, Tieren, Pflanzen und Mineralien zu schützen.
Ich bin entschlossen, nicht zu töten, das Töten durch andere zu verhindern und keine Form des Tötens zu dulden, sei es in der Realität,
in meinen Gedanken oder in meiner Lebensführung.

Zweitens: Großzügigkeit

Im Bewusstsein des Leides, das durch Ausbeutung, soziale Ungerech-
tigkeit, Diebstahl und Unterdrückung entsteht, gelobe ich, liebevolle
Güte zu entwickeln und Wege zu lernen, die dem Wohlergehen der
Menschen, Tiere, Pflanzen und Mineralien dienen. Ich gelobe,
Großzügigkeit zu üben, indem ich meine Zeit, Energie und materiel-
len Mittel mit denen teile, die sie wirklich brauchen.

Ich bin entschlossen, nicht zu stehlen und mir nichts anzueignen,
was anderen zusteht. Ich will das Eigentum anderer achten, aber auch
andere davon abhalten, sich durch menschliches Leid oder durch das
Leiden anderer Lebensformen zu bereichern.

Drittens: Sexuelle Verantwortung

Im Bewusstsein des Leides, das durch sexuelles Fehlverhalten entsteht, gelobe ich, Verantwortungsbewusstsein zu entwickeln und Wege zu lernen, die Sicherheit und Integrität von Individuen, Paaren, Familien und der Gesellschaft zu schützen. Ich bin entschlossen, keine sexuelle Beziehung aufzunehmen ohne Liebe und die Absicht einer dauerhaften Bindung. Um mein eigenes Glück und das der anderen zu bewahren, will ich die von mir und anderen eingegangenen Bindungen achten. Ich will alles mir Mögliche tun, um Kinder vor sexuellem Missbrauch zu schützen und um zu verhindern, dass Paare und Familien infolge sexuellen Fehlverhaltens auseinanderbrechen.

Viertens: Aufmerksames Zuhören und einfühlsame Rede

Im Bewusstsein des Leides, das durch unachtsame Rede und durch die Unfähigkeit, anderen zuzuhören, entsteht, gelobe ich, liebevolles Sprechen und aufmerksames, mitfühlendes Zuhören zu entwickeln, um meinen Mitmenschen Freude und Glück zu bereiten und ihre Sorgen lindern zu helfen. In dem Wissen, dass Worte sowohl Glück als auch Schmerz hervorrufen können, gelobe ich, wahrhaftig und einfühlsam reden zu lernen und Worte zu gebrauchen, die Selbstvertrauen, Freude und Hoffnung fördern. Ich bin entschlossen, keine Information weiterzugeben, ohne ganz sicher zu sein, dass sie der Wahrheit entspricht, und nichts zu kritisieren oder zu verurteilen, worüber ich nichts genaues weiß. Ich will keine Worte gebrauchen,

103

die Hass oder Zwietracht säen oder zum Zerbrechen von Familien und Gemeinschaften führen können. Ich will mich stets um Versöhnung und um die Lösung von Konflikten bemühen – so klein diese auch sein mögen.

Fünftens: Achtsamer Umgang mit Konsumgütern

Im Bewusstsein des Leides, das durch unachtsamen Umgang mit Konsumgütern entsteht, gelobe ich, auf körperliche und geistige Gesundheit zu achten, bei mir selber, bei meiner Familie und meiner Gesellschaft, indem ich achtsames Essen, Trinken und Konsumieren übe. Ich will nur das zu mir nehmen, was das Wohl, den Frieden und das Glück meines Körpers und meines Geistes fördert und ebenso der allgemeinen körperlichen und geistigen Gesundheit dient. Ich bin entschlossen, auf Alkohol und andere Rauschmittel zu verzichten, sowie auf alles, was eine zerrüttende Wirkung hat, wie zum Beispiel bestimmte Fernsehprogramme, Zeitschriften, Bücher, Filme und Gespräche. Ich bin mir bewusst, dass ich meinen Vorfahren, meinen Eltern, der Gesellschaft und den zukünftigen Generationen Unrecht tue, wenn ich meinen Körper und mein Bewusstsein derart schädigenden Einflüssen aussetze. Ich will an der Überwindung und Transformation von Gewalt, Angst, Ärger und Verwirrung in mir selbst und in der Gesellschaft arbeiten, in dem ich versuche, maßvoll zu leben. Mir ist bewusst, dass eine solche maßvolle Lebensführung für die Veränderung meiner selbst ebenso entscheidend ist wie für die Veränderung der Gesellschaft.

Unsere Beschäftigung mit den fünf Übungen darf und soll eine sehr bewusste, kritische und ganz auf unsere eigenen Erfahrungen bezogene Selbstbefragung sein, wie sie beispielhaft in den folgenden Fragen vorgestellt wird, die sich jeder zu den einzelnen Achtsamkeitsübungen vor Augen führen könnte:

Was hat die Übung heute mit meinem konkreten Alltagsleben zu tun gehabt? Welche als unangenehm und welche als angenehm empfundene Begegnung mit einem **Menschen** (Arbeitskollege, Vorgesetzter, Kind, Partner, Elternteil, Nachbar), **einer Situation** (Mahlzeit, Autofahrt, gute oder schlechte Nachricht erhalten, etwas tun müssen, was mir Angst macht, Streitgespräch, Kritik entgegennehmen, gelobt werden) einer **Sache** (Tafel Schokolade während der Diät, Sensationsartikel beim Arztbesuch, nicht abgeschaltetes Fernsehprogramm, Stechmücken im Schlafzimmer) einem **Gedanken/Gefühl** (Ärger, Hektik, Eifersucht, Ungerechtigkeit, Hilflosigkeit, Gleichgültigkeit) habe ich heute im Zusammenhang mit der speziellen Übung erlebt?

Ich erinnere mich an den Menschen/die Situation/die Sache/das Gefühl im Kontext der Übung und was ich dabei erlebte.

Was genau hatte diese Begegnung mit der Übung zu tun? Ging dies von der anderen Person/Sache aus? Ging es von mir aus? Kam dies in der Begegnung selbst vor? Ist mir sofort ein Zusammenhang zu der Übung eingefallen? Bald nach der Begegnung? Oder erst jetzt, wo ich mich daran erinnere? Hat der Zusammenhang zur Übung irgend etwas direkt an der Begegnung mit einem dieser Faktoren verändert? Gleich währenddessen, im Gespräch, vor dem Kühlschrank, beim Lesen oder Anschauen? Später? Oder jetzt in der Erinnerung?

Was genau bewirkt die Erinnerung an diesen Zusammenhang zwischen dem Menschen/Situation etc. und der Übung jetzt in mir? Macht sie mich ärgerlich? Glücklich? Bin ich enttäuscht über mein Verhalten? Zufrieden damit? Wünsche ich mir, anders gewesen zu sein, anders reagiert zu haben, in Zukunft anders zu reagieren?

Ich stelle mir die nächste Begegnung mit dem gleichen Menschen/der gleichen Situation/Sache/Gefühl vor, vielleicht für den kommenden Tag.

Nehme ich mir irgendetwas vor, um die nächste solche Begegnung mit diesen Faktoren anders zu gestalten oder genauso zu wiederholen? Was genau? Wie kann ich das morgen ausprobieren? Mit dem gleichen Menschen/der gleichen Sache? Gibt es etwas, was mich an diesen Vorsatz erinnern könnte? Könnte ich so etwas erschaffen? Was könnte das sein?

Was wird mich wahrscheinlich davon abhalten, anders, vielleicht positiver zu reagieren? Liegt das an der Person oder an mir? Was ist es genau, was mich auf diese Person/Sache etc. so (ob positiv oder negativ) reagieren lässt? Die Situation? Gab es solche Situationen oft in meinem Leben? Haben sie mit der jeweiligen Person/Sache zu tun oder treten sie in dieser Form immer wieder auf?

Sind es meine Angewohnheiten/Zwänge/Erwartungen/vorgefertigten Antworten, die das bewirken? Welche sind das genau im heutigen Fall? Woher kommen diese Gewohnheiten? Hat mir jemand beigebracht, so zu denken? Wer? Meine Eltern/Lehrer/Freunde/Kollegen/die Tageszeitung/der Zeitgeist ...? Was sagen sie? Warum sagen sie das? Wegen mir? Aus Eigennutz? Was bewirken sie bei mir? Tue oder lasse ich etwas, um von ihnen gelobt zu werden? Um dazuzugehören? Um anders zu sein? Um geliebt zu werden? Aus Angst vor Strafe, vor Einsamkeit?

Was sagen diese »Stimmen der Angewohnheiten« zu meiner Übung? Halten sie ihren Inhalt für sinnvoll? Beurteilen und verurteilen sie meine Bemühungen? Sind sie hilfreich oder eher hinderlich bei meiner Übung? Auf welche will ich hören und auf welche vielleicht weniger?

Welche Erfahrung habe ich selbst heute mit der Übung gemacht? Habe ich etwas gelernt? Was davon möchte ich als »Stimme neuer Gewohnheiten« in anderen, z. B. meinen Kindern weiterleben lassen?

Nachwort

von Karl Schmied

Wenn dieses Übungsbuch Sie anregt, die einzelnen Schritte achtsam und unvoreingenommen zu gehen, eigene Einsichten und Erfahrungen mit der von Dhyana-Meister Thich Nhat Hanh angebotenen und in unserer Gemeinschaft seit vielen Jahren erprobten Praxis zu machen, dann haben diese Betrachtungen und Anregungen großen Nutzen gebracht.

Mein tiefer Dank gilt Meister Thich Nhat Hanh, den ich seit 1989 begleiten darf. Er hat mich zu diesem Buch inspiriert, von ihm habe ich am 6. August 1994 bei meiner Ernennung zum Dharma-Lehrer den Leitspruch erhalten, den ich mit dem Gatha auf Seite 6 dem Buch wie auch meinem persönlichen Weg vorangestellt habe und das ich im englischen Original dieses Übungsbuch beschließen lassen möchte.

Mein herzlicher Dank gilt auch Monika Lamberts-Hengster, welche meine Aufzeichnungen zusammengestellt und redigiert hat. Sie wählte auch die schönen Fotos der Münchner Fotografen Ursula Zeidler-Dumanski und Fritz Dumanski aus. Frau Lamberts-Hengster ist seit 1997 Chefredakteurin der Zeitschrift *InterSein* und hat die beiden Bücher *Das Leben berühren* und *Umarme dein Leben* aus Vorträgen von Thich Nhat Hanh zu wichtigen Lehrreden Buddhas über die Meditation und zum Diamant-Sutra herausgegeben.

As soon as one enters into True Meditation
The eyes of the Dharma is immediately transmitted.

On the way home, one feels absolutely free.
Then a laugh is enough to cut off all fetters
That bind one to the world of dust.

Thich Nhat Hanh

Wissenswertes

Wer die Kunst des achtsamen Lebens unter Anleitung ausprobieren möchte oder einfach seine Schritte hin zu sich selbst gern zusammen mit Gleichgesinnten verstärken, vertiefen und unterstützen möchte, kann zu diesem Zweck Wochenendseminare, ganze Wochen oder noch längere Zeitperioden in einem der Übungszentren verbringen. Die Übung in Gemeinschaft anderer und die spirituelle Begleitung durch einen Meditationsmeister wie Thich Nhat Hanh oder durch Lehrerinnen und Lehrer seiner Tradition haben eine sehr starke, heilsame und inspirierende Wirkung, die weit über die Übungszeiten hinaus die eigenen Schritte im persönlichen Alltag wie auch in unserem weiteren Umfeld unterstützen kann.

So habe ich 1992 mit Freunden in München den Maitreya-Fonds gegründet. Er ist eine Hilfsorganisation, die aus vielen, oft bescheidenen Spenden in enger Zusammenarbeit mit dem spirituellen Zentrum von Thich Nhat Hanh in Südfrankreich und buddhistischen Klöstern vor Ort Projekte im zentralen Vietnam unterstützt. Sie helfen unbeschreibliches Leid zu lindern. Vor allem Waisenhäuser, Leprastationen, Flutopfer, Kinder der notleidenden Landbevölkerung in Grundschulen und Kindergärten sowie die Ausbildung Jugendlicher sind die Schwerpunkte unserer Hilfsmaßnahmen in den ärmsten Regionen Vietnams. Alle zwei Jahre besuchen wir die von uns unterstützten Vorhaben und kommen mit geringsten Verwaltungskosten aus, weil alle Arbeiten ehrenamtlich ausgeführt und die Reisen nach Asien selbstverständlich auf eigene Kosten durchgeführt werden.

Die Zeitschrift *InterSein* der Freunde und Gemeinschaften Thich Nhat Hanhs hilft als aktuelles Kontakt-, Diskussions- und Informationsmedium, die Energie der Achtsamkeit ihrer Leser mit aktuellen Betrachtungen und Meditationsübungen immer neu zu nähren.

Folgende Adressen mögen den Weg zu diesen Instrumenten erleichtern:

Spirituelles Zentrum von Thich Nhat Hanh
Plum Village
New Hamlet
13 Martineau
F-33580 Dieulivol
Tel. 0033-5-56 61 66 88 · Fax 0033-5-56 61 61 51

Übungszentrum für Deutschland unter der Leitung von Lehrerinnen und Lehrern in der Übertragungslinie von Thich Nhat Hanh (Helga Riedl, Karl Riedl und Karl Schmied):

Intersein-Zentrum für Leben in Achtsamkeit - Haus Maitreya -
Unterkashof 2 1/3
94545 Hohenau
Tel. 08558-92 02 52 · Fax 08558-92 04 34

InterSein – Aktuelle Zeitschrift der Freunde und Gemeinschaften Thich Nhat Hanhs im deutschsprachigen Raum (halbjährlich), Informationen über Thich Nhat Hanh, sein spirituelles Zentrum in Frankreich und seine Aktivitäten in Deutschland sowie Informationen über den Maitreya-Fonds:

Gemeinschaft für achtsames Leben, Bayern e.V.
Postfach 60
83730 Fischbachau
Tel. 08028-92 81 · Fax 08028-21 20

Literatur

Viele der hier beschriebenen Übungen, meditativen Hilfsmittel und Instrumente für die Ausübung der »Kunst des achtsamen Lebens« werden in Büchern von Thich Nhat Hanh angeboten und erläutert. Die folgende Liste soll dem interessierten Leser den Schritt zur Vertiefung »seines« vielleicht persönlichen Lieblingswerkzeuges erleichtern und weitere, aus Platzgründen nur angedeutete Mittel für die eigene Praxis der Achtsamkeit anbieten.

Unsere Verabredung mit dem Leben, Theseus Verlag, Berlin, 1991
   (Inhalt: Im Hier und Jetzt leben)

Das Herz von Buddhas Lehre, Herder Verlag, Freiburg, 1999
   (Inhalt: Grundlagen der buddhistischen Lehre)

Der Geruch von frischgeschnittenem Gras, Zenverlag, Lautzerath, 1997
   (Inhalt: Gehmeditation im Freien)

Nimm das Leben ganz in deine Arme, Theseus Verlag, Berlin, 1997
   (Inhalt: Die Maitri-Meditation)

Klar wie ein stiller Fluss, Kristkeitz Verlag, Heidelberg, 1993
   (Inhalt: Merksätze für den Alltag)

Das Glück einen Baum zu umarmen, Goldmann Verlag, Minden, 1995
   (Inhalt: Konfliktlösungs-Strategien)

Die fünf Pfeiler der Weisheit, O. W. Barth Verlag, München, 1996
   (Inhalt: Die fünf Übungen der Achtsamkeit)